历史画面观
ALL ABOUT HISTORY

EXPLORE THE NORTHERN FRONTIER OF THE WORLD'S GREATEST EMPIRE

罗马不列颠

探索古代世界
最大帝国之一的北部边境

[英] 凯瑟琳·马什 — 编著
崔学森 李应鹰 — 译

ROMAN BRITAIN

新世界出版社
NEW WORLD PRESS

审图号：GS（2022）1194号

著作权合同登记号：京权图字01-2021-6953号

FUTURE

图书在版编目（CIP）数据

罗马不列颠 /（英）凯瑟琳·马什编著；崔学森，李应鹰译．-- 北京：新世界出版社，2022.4
（历史面面观）
ISBN 978-7-5104-7410-1

Ⅰ．①罗… Ⅱ．①凯… ②崔… ③李… Ⅲ．①罗马帝国－历史②英国－古代史 Ⅳ．① K126 ② K561.2

中国版本图书馆 CIP 数据核字（2021）第 270662 号

罗马不列颠

编　　著：[英]凯瑟琳·马什
译　　者：崔学森　李应鹰
责任编辑：熊文霞
装帧设计：左左工作室
责任校对：宣　慧
责任印制：王宝根　苏爱玲
出　　版：新世界出版社
网　　址：http://www.nwp.com.cn
社　　址：北京西城区百万庄大街 24 号（100037）
发 行 部：（010）6899 5968（电话）　（010）6899 0635（电话）
总 编 室：（010）6899 5424（电话）　（010）6832 6679（传真）
版 权 部：+8610 6899 6306（电话）　nwpcd@sina.com（电邮）
印　　刷：小森印刷（北京）有限公司
经　　销：新华书店
开　　本：787mm × 1092mm　1/16　尺寸：185mm × 260mm
字　　数：293 千字　印张：13.5
版　　次：2022 年 4 月第 1 版　2022 年 4 月第 1 次印刷
书　　号：ISBN 978-7-5104-7410-1
定　　价：78.00 元

欢迎阅读
“历史面面观”系列之
《罗马不列颠》

公元43年，罗马军团踏上不列颠的土地。这并不是罗马人的第一次尝试，他们之前曾两次试图占领该岛，而这一次，入侵就要成功了。军团在现今的英格兰一路作战，击溃了那些不愿意臣服罗马统治的部落。随着士兵们继续向北推进，当地的凯尔特人为了他们的生命和家园浴血奋战，但敌人过于强大。最终，罗马人成功地占领了不列颠。

这本书将揭开针对罗马帝国主义扩张的激烈反抗，并探求公元60年布迪卡反叛的真实情况。请您一起沿着整个罗马帝国最北端的哈德良长城走一走，看一看在那里服役的士兵；了解入侵者是如何将他们的神明和文化带到这里的，并探索当罗马帝国开始崩溃的时候，罗马人留下了什么……

BRITANNIA
SC

目录
CONTENTS

罗马帝国的崛起
THE RISE OF THE ROMAN EMPIRE

罗马是如何软硬兼施，
成为西方统一政治实体中人口最多的帝国的？

罗马帝国是历史上最大的帝国之一，欧洲、北非和中东都是它的领土。然而，在元首制真正建立之前，扩张主要发生在共和国时期（前509—前27年）。在这一时期，通过结盟或武力夺取领土，罗马将控制范围从城市周边扩展到地中海世界的大部分地区。没过多久，整个意大利半岛也处于共和国的控制之下。接下来的一个世纪中，罗马压倒性的主权范围一直扩大到北非、西班牙和法国南部（高卢）。

到公元前1世纪末，共和国的版图已经扩大到了现代法国、希腊和东地中海的大部分地区。然而此时，由于内部斗争爆发了内战，冲突随着尤利乌斯·恺撒大帝被谋杀达到了顶峰，此后共和国逐渐开始演变为帝国。不过，政治转型的确切日期有待进一步研究。有人认为是在公元前44年恺撒被任命为“终身独裁官”的时候，也有人认为是在公元前31年马克·安东尼和克娄巴特拉在亚克兴战役中被击败的时候。但最流行的观点是，当屋大维被元老院授予特殊权力并在公元前27年采用“奥古斯都”这个著名的称号时，共和国时期结束了。

虽然奥古斯都建立了帝国，但在其统治期间，帝国并没有大面积地扩张领土，直到他于公元14年去世，他的贡献主要体现在行政方面。奥古斯都政权对他统治范围内的人和地区进行了编目，并向公众展示了已知世界的详细地图。

1—2世纪之间，罗马帝国在图拉真皇帝时期达到了最大规模，面积超过500万平方千米，覆盖了相当于现代40个国家。公元476年前后，帝国开始崩溃。虽然东半部继续统治了1000年，但罗马帝国仍在捍卫自己的边界，并努力维持对西方世界的政治控制。

帝国的扩张

罗马是如何来到、看到
并征服其他土地的：
罗马在一段时间内获得的所有领土

公元前 5 世纪	意大利半岛
公元前 4 世纪	苏丹
公元前 4 世纪	突尼斯
公元前 4 世纪	摩洛哥
公元前 4 世纪	法国南部
公元前 4 世纪	西班牙
公元前 1 世纪	法国北部
公元前 1 世纪	希腊
公元前 1 世纪	今土耳其一带
公元前 1 世纪	埃及
公元 1 世纪	英国
公元 2 世纪	达契亚（罗马尼亚）
公元 2 世纪	亚美尼亚
公元 2 世纪	色雷斯（保加利亚）

恺撒去世（公元前 44 年）前的
罗马共和国领土

奥古斯都去世（公元 14 年）前增加的
罗马帝国领土

图拉真去世（公元前 117 年）前增加的
罗马帝国领土

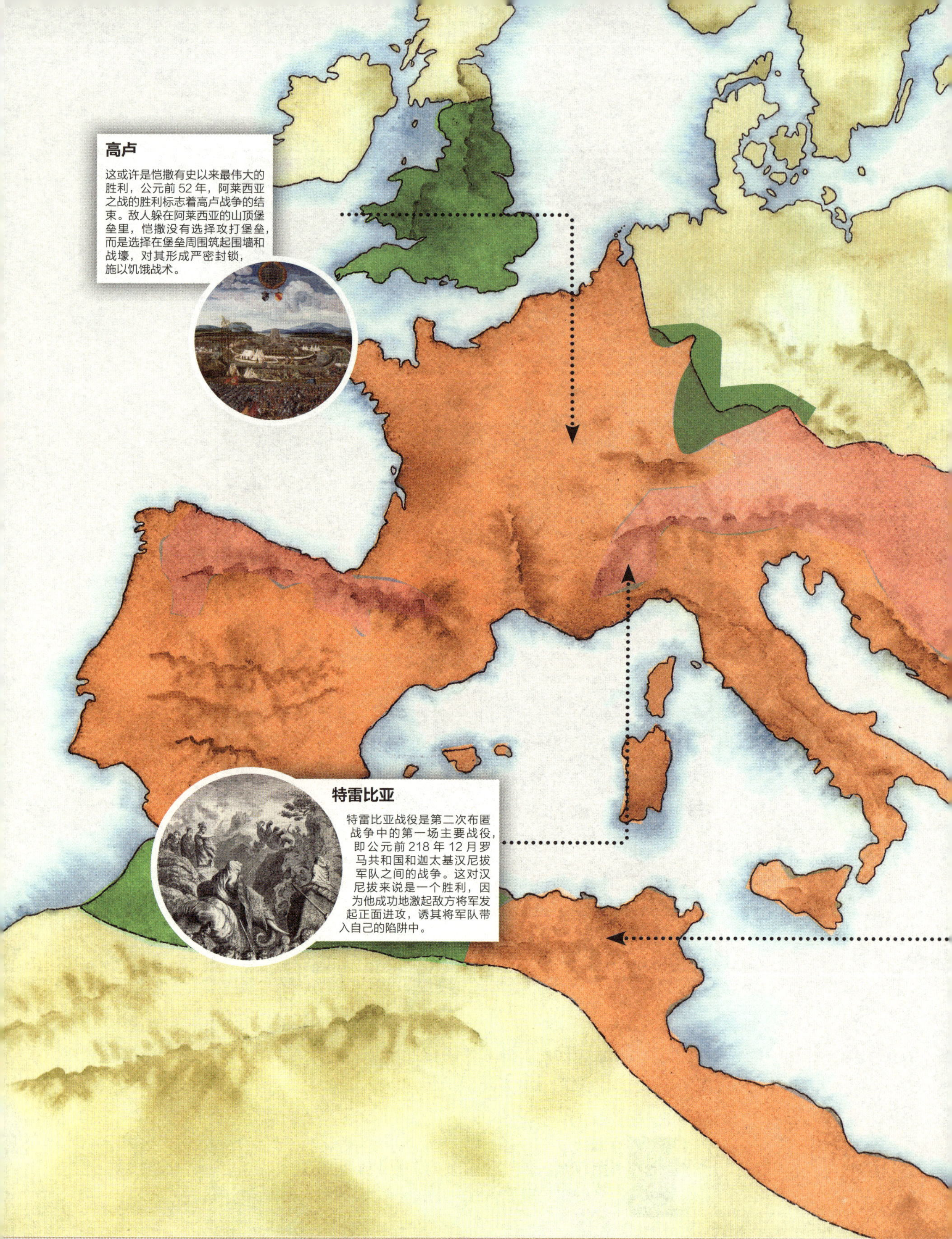

高卢

这或许是恺撒有史以来最伟大的胜利，公元前52年，阿莱西亚之战的胜利标志着高卢战争的结束。敌人躲在阿莱西亚的山顶堡垒里，恺撒没有选择攻打堡垒，而是选择在堡垒周围筑起围墙和战壕，对其形成严密封锁，施以饥饿战术。

特雷比亚

特雷比亚战役是第二次布匿战争中的第一场主要战役，即公元前218年12月罗马共和国和迦太基汉尼拔军队之间的战争。这对汉尼拔来说是一个胜利，因为他成功地激起敌方将军发起正面进攻，诱其将军队带入自己的陷阱中。

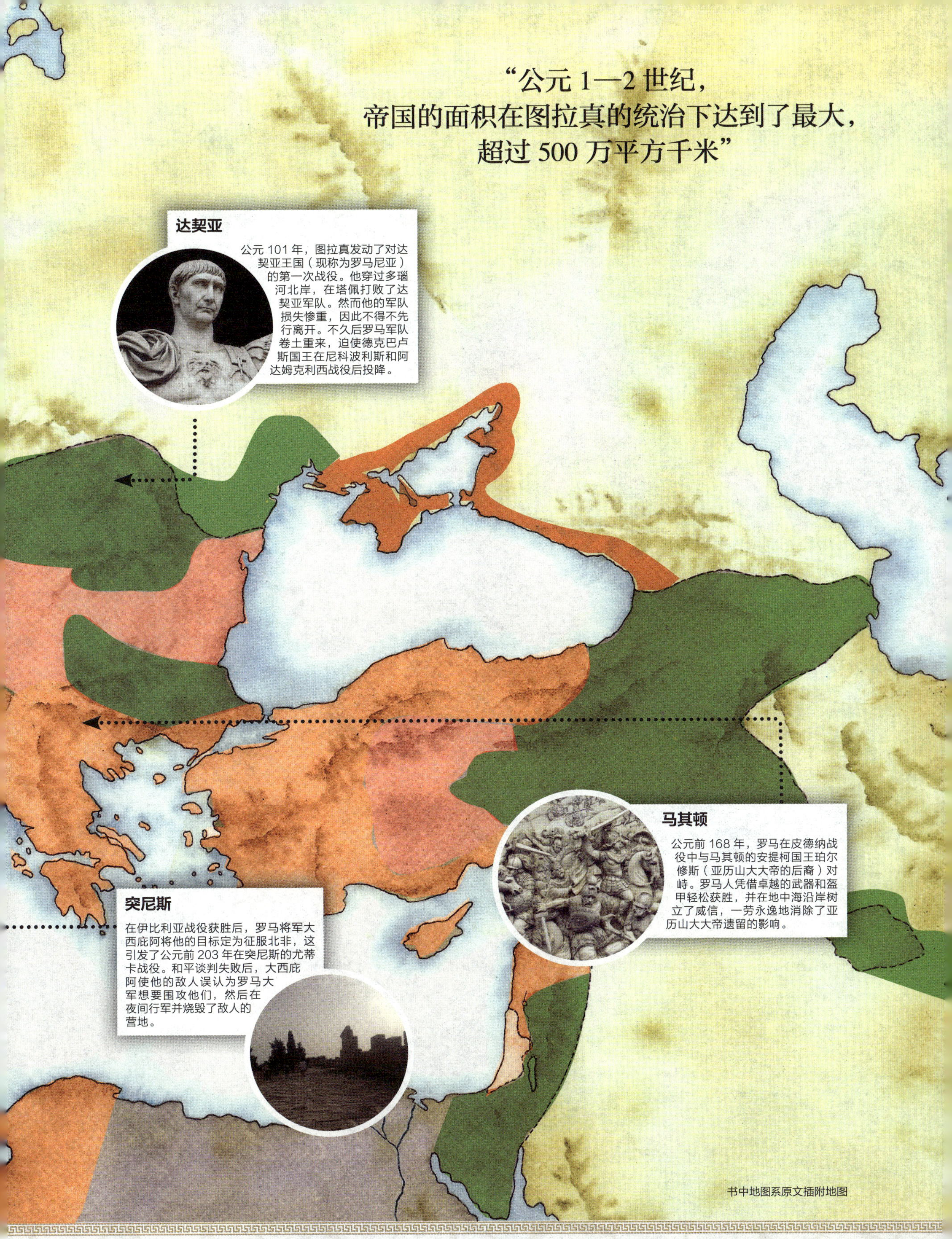

“公元 1—2 世纪，帝国的面积在图拉真的统治下达到了最大，超过 500 万平方千米”

达契亚

公元 101 年，图拉真发动了对达契亚王国（现称为罗马尼亚）的第一次战役。他穿过多瑙河北岸，在塔佩打败了达契亚军队。然而他的军队损失惨重，因此不得不先行离开。不久后罗马军队卷土重来，迫使德克巴卢斯国王在尼科波利斯和阿达姆克利西战役后投降。

马其顿

公元前 168 年，罗马在皮德纳战役中与马其顿的安提柯国王珀尔修斯（亚历山大大帝的后裔）对峙。罗马人凭借卓越的武器和盔甲轻松获胜，并在地中海沿岸树立了威信，一劳永逸地消除了亚历山大大帝遗留的影响。

突尼斯

在伊比利亚战役获胜后，罗马将军大西庇阿将他的目标定为征服北非，这引发了公元前 203 年在突尼斯的尤蒂卡战役。和平谈判失败后，大西庇阿使他的敌人误认为罗马大军想要围攻他们，然后在夜间行军并烧毁了敌人的营地。

书中地图系原文插附地图

罗马的传奇
THE LEGEND OF ROME

**从偏居一隅的弹丸小国到称霸一方的雄伟帝国，
罗马一步步发展壮大，在历史上留下了浓墨重彩的一笔**

如今的罗马是风景旖旎的旅游胜地，到访的人们是携带相机的旅行者而非蛮族军队。古代的罗马则是文明的中心。无论是王国、共和国还是帝国，罗马都是这个国家皇冠上的宝石。这个强大的王国永远地改变了历史。它以罗马及其不断改姓易代的政府的名义，重新定义了战争的准则和技术，革新了现代基础设施，首开中世纪的大门。

和其他大国一样，罗马也在世界范围内划分版图。从不列颠寒冷的海岸到巴勒斯坦和埃及温暖的沙滩，罗马建立了一个令人瞩目的帝国，但它在每一个关键时刻都会引来争斗。古代世界令人胆战心惊，遍布瘟疫、风暴和交战中的野外部落，但它仍是一匹画布，罗马以独树一帜的文明将其涂抹。

罗马最开始只是一个弹丸小国。它由意大利的“氏族”或宗族构成，在新国王的带领下同力协契，雄心勃勃地勾画着新国家的蓝图。在此基础上，一些标志性的罗马概念得以开创，最值得一提的就是元老院的诞生——在接下来的很长时间内，渴求民主的人民与纷至沓来的独裁统治者们一直处在明争暗斗之中。

理论上，罗马帝国仅仅占据古罗马历史上一个相对较短的时期——在此之前，它是一个王国和一个共和国

罗马把自己塑造成一个国家最引以为傲的首都：希腊人和伊特鲁里亚人锻造的柱子和宏伟壮观的设计自成一格，从罗马的市政建筑到横跨王国的道路，比比皆是。国王们的荒唐之举令罗马迅速转变政体，开启新时代——罗马共和国。共和国以应对冲突和入侵的名义，建立了一支有组织、有纪律、攻无不克的军队——罗马军团，并以此为基础架起民主的光辉灯塔。罗马军团是共和国征服已知世界的一记重锤，但他们在随后的危机中将国家推到分崩离析的边缘。民主迎来伟大的罗马，也为挟势弄权者和尤利乌斯·恺撒的行动敞开了大门。罗马进而转变为一个新的国家，一个再次专注于征服世界的国家、一个帝国——由渴望重塑形象的皇帝执掌大权。罗马帝国日渐崛起，空前强大，尽管它在工程领域创新和进步显著（大多在未来的“黑暗时代”消失殆尽），但罗马帝国却试图将瞬息万变的世界统一在同一体制下。因此它注定被另一个伟大的帝国所取代。

古罗马元素

从宗教、艺术到奴隶制和基础设施的使用，
古罗马是一个以其特有方式运作的社会

古罗马在许多方面都领先于时代，尽管它沿用了许多古老的风尚，这些意大利的伟人们依旧致力于上下求索。开疆拓土对于元老院和不断更迭的罗马领导者来说至关重要。士兵是征服之根本，开拓新领地并同化其人民是驱动这台机器的燃料。这一循环过程令罗马军团迅速膨胀，古罗马开始以风驰电掣般的速度扩张领地。

伴随疆土的扩张，工程师们革旧图新，对这一时代的设施进行改造。巨大的输水管道给人们带来了自来水，新铺好的道路（弧形道路可以排走雨水）四通八达，贯穿整个国度，就像一个混凝土铸成的神经系统。这些道路助长了奴隶贸易，使罗马经济蓬勃发展——这与未来几个世纪其他帝国发展的道路如出一辙。

奴隶贸易逐渐渗透了罗马社会的享乐阶层，激起了国民对血腥运动的狂热。人们热爱享受从戏剧到文学作品等一切艺术形式。这是一个表达的时代，现实世界与信奉神明和祈祷仪式的部落主义完美融合。

宗教

罗马人认为宗教是有实际性用处的。宗教几乎影响了他们生活的方方面面，不是因为他们特别虔诚，而是因为迷信和仪式是生活的一部分。罗马人认为，他们做的每一件事都需要神的祝福和庇佑，因此执行祭祀或祷告仪式者的角色也反映在社会的父权结构中。主持每日的祭祀仪式是一家之主的职责，他们向众神之王朱庇特或农神萨图努斯献祭。同样的做法也适用于军队，军人们会在战前向战神玛尔斯祈祷。

罗马宗教的许多元素都来自外部，来自希腊习俗和伊特鲁里亚神话的概念与罗马仪式交织在一起。祈祷和祭祀更多的是出于生活要求，而不是宗教因素。对政府来说，宗教也十分具有代表性——官方为了抵御不祥的预兆并为新皇帝带来好运而设立了最高祭司团。

“士兵是征服之根本，开拓新领地并同化其人民是驱动这台机器的燃料”

◁ 在罗马帝国时代，元老院几乎没有实权，皇帝独揽政治大权

政府

提及古罗马，我们总会想到一群穿着白色长袍的人在会议广场上争论时政；皇帝一面指挥军队，一面预防政敌的暗杀。事实上，罗马人历经了诸多不同的政府形式，但元老院却始终巍然不动。公元前 753 年罗马王国建立之初，元老院便应运而生，它是父权制社会的产物，甄选名门望族中年高德劭、足智多谋之人负责监督制定法律，并代表人民进行审议和辩论。

在共和国的伪装下，罗马“民主治理”的目的达到了，平民（普通公民）通过元老院跻身最高权力等级。但随着“三头同盟”（三个人在政府中争夺权力）和最终帝国的崛起，罗马再次回归一人专权的时代。

△ 罗马的道路网是其最卓越的成就之一，一些道路至今仍在使用

基础设施

对于罗马人来说，维持基础设施结实牢固和开展军事行动是一样重要的。罗马是王国、共和国和帝国时期的皇冠之珠。为给其他地区做一个表率，罗马政府用精雕细琢的石块建造建筑物，这种艺术方式在罗马建筑中居于重要地位。

罗马人无法在污泥浊水中过上靡衣玉食的生活，作为一个有自尊心和进取心的国家，罗马人建造了巨大的引水渠，把地下的淡水资源一路引回罗马。这些地下陶质管道和地上通道（通常兼做桥梁）只利用重力便将这种赋予生命的资源引入首都。

除此之外，我们不得不提到那些令人叹为观止的道路网体系，它们取代了几个世纪前伊特鲁利亚人修建的土路和简易车道。罗马人用水泥和碎石将罗马置于一个巨大网络的中心，这个网络甚至延伸到了不列颠。

△ 罗马有很多圆形剧场和竞技场，城市周边的数量会更多一些

娱乐

罗马人热衷于庆祝，经常建造竞技场和圆形剧场。罗马斗兽场（也称“弗拉维圆形剧场”）建于公元 70—80 年之间，是罗马最宏伟壮观的娱乐中心。它可以容纳大约 5 万名观众，甚至还有一个硕大的帆布顶棚，可以在天气炎热时竖起来。

罗马竞技场使我们对角斗有了更深入的了解。这是全国人民的最爱，从名誉扫地的士兵到孔武有力的奴隶，他们以娱乐的名义互相残杀。这里经常重演一些伟大的战斗，专业的战士也参与进来，以确保在竞技场上演的历史得以铭诸心腑。

战车比赛是另一项风靡一时的娱乐方式，但它往往会变成血腥的战车碰撞。暴力是罗马成为大国的手段，因此，当罗马人寻求娱乐时，似乎只有这种活动才能激起公民永不满足的杀戮欲望。

军事

对罗马人来说，军队是其扩张和维持长治久安必不可少的部分，这种强大的力量统治了西方世界 1000 多年。罗马人堪称遵从组织和纪律的典范，也是历史上最骇人听闻的力量之一。罗马军队坚信自己是战神玛尔斯的后裔，他们把这种不朽的信仰带到战场上，令自己看起来坚不可摧。

对军队的维护渗入了罗马社会的各个方面，使人们认识到，要积极鼓励妇女生育，以增加男孩出生的机会。青年应该参军服役，有经验的长者应当加入军团，以罗马的名义履行职责。

罗马人与蛮族的区别在于他们坚不可摧的纪律性。从行军队形到盾墙，士兵们需要日复一日地训练，罗马将军们要一而再再而三地检查战争的每一个要素——营地、武器和战术，这使得罗马的军队成为传奇。

△ 奴隶可以组建家庭，但是女奴所生的孩子也会成为主人的奴隶

奴隶制

拥有奴隶（可以在整个罗马及其领土范围内的市场上买到）是上层家族地位和权力的象征。年轻的男孩或男人是最昂贵的，因为他们可以承担多项职责。奴隶大多来自被征服的土地，共和国时期军队几乎一直处于扩张状态。

据不完全统计，在帝国鼎盛时期，奴隶大约占人口的25%。我们很难证实豪门贵胄到底有多少奴隶，但据说能达到数百人。

我们往往错误地认为每个奴隶都过着饥寒交迫的生活。事实上，奴隶是价格高昂的投资，他们往往需要富足的衣食和精心的照料。那些有特殊技能的奴隶，比如厨师，也受到高度重视，过着安逸舒适的生活。

艺术

罗马人是一个表现力极强的民族，我们可以从他们创造的马赛克、雕塑、陶器和建筑中窥视到这一点。罗马艺术是诸多文化的熔炉，希腊文化中的柱式建筑和白色石像深受罗马人喜爱，因此希腊文化也对罗马产生了举足轻重的影响。先于罗马的伊特鲁里亚文化也一样，因其壁画和青铜雕像而受到罗马人垂青。

在共和国时期，艺术成为表达个人立场的方式。国家会委托专人在城市周围创作以军事成就为题的壁画和雕刻，富人则依托胸像以求永垂不朽。但多数人选择以衰老的面容示人，以展现为共和国自靖自献的形象。罗马艺术是地位的象征，特别是在帝国时代，当皇帝试图与罗马的过去重建联系时，“古典”风格（希腊风格）再度兴盛。

罗马帝国 前 753—前 509 年

罗马建立 / 罗慕路斯称王

公元前 753 年

罗慕路斯将军麾下的军队是所有交战的部落和氏族中最强大的。他自封为王，组建了元老院的前身，由于意大利根深蒂固的父权结构非常器重睿智的长者，罗慕路斯挑选了约 100 名德高望重的老者进入元老院。元老院的首要职责是处理王国的日常事务。罗马的首部法典和第一批常备军队就是在此基础上形成的。

△ 罗慕路斯和他的兄弟雷穆斯的故事充满了传奇和神话色彩

罗慕路斯去世

公元前 716 年，罗慕路斯在一场暴风雨中离奇失踪。有传说称他是被谋杀的，事实上，罗马在那时还处于群龙无首的状态。

公元前 716 年

托里斯 · 奥斯蒂吕斯成为国王

在短暂的临时执政期之后，候选人托里斯 · 奥斯蒂吕斯继位。奥斯蒂吕斯与崇尚和平的前任国王截然不同，他是一个热衷于对外扩张的君主。

公元前 673 年

753 BCE — 716 BCE — 715 BCE — 673 BCE

努马 · 庞皮利乌斯被选举为王

元老院推举萨宾贵族努马 · 庞皮利乌斯为新国王，过渡期由此结束。根据罗马历史学家普鲁塔克的记载，庞皮利乌斯诞生于罗马建国日。

公元前 715 年

努马 · 庞皮利乌斯逝世

庞皮利乌斯在位期间，为罗马修建了包括一众庙宇在内的诸多宗教建筑。

公元前 673 年

开启过渡时期

公元前 716 年

罗慕路斯“逝世”后，根据元老院的命令，罗马进入了“过渡时期”。在不到一年的时间里，传统政府不复存在，前国王死亡，下一位国王尚未确定。罗马王国的民主原则规定，只有元老院或类似的机构才有权立王，因此在这一年的时间里，十个不同的人接二连三地尝试“统治”这个王国。元老院以此为据，挑选其中一位继任为王。

△ 并不是每一次王位更替都会经历过渡时期：第六位国王被谋杀后，他的继任者迫不及待地登上了王位

拜占庭建立
公元前 667 年

公元前 667 年前后，拜占庭帝国成立，它最终见证了罗马的灭亡。据传，拜占斯（Byzas）从邻近古雅典的城邦迈加拉（Megara）起航，后创建了拜占庭。拜占庭作为黑海的唯一入口，凭借其稳定、繁荣的贸易，成为国富民强的大国。

△ 拜占庭从罗马的小分支最终成为其首都

罗马的建筑风格在 18 世纪的新古典主义风格中延续至今

托里斯 · 奥斯蒂吕斯逝世

随着罗马的疆界空前扩张，好战的托里斯 · 奥斯蒂吕斯与世长辞。他的统治能力与罗慕路斯不分伯仲。

公元前 642 年

667 BCE　642 BCE　617 BCE

安古斯 · 马奇路斯逝世

公元前 617 年，罗马的第四位传奇国王安古斯 · 马奇路斯辞世。他在位期间续写了努马 · 庞皮利乌斯“在罗马宗教基础设施方面的辉煌”。

公元前 617 年

△ 库里亚大会由普通公民组成，据罗马法规定，他们聚在一起票选出新国王

库里亚大会推举安古斯 · 马奇路斯为王
公元前 642 年

同王政时代的诸多国王一样，托里斯 · 奥斯蒂吕斯与其继任者间也存有一个过渡期。选举新国王期间，城市由临时执政者统治。元老院先筛选出合适的候选人，再由罗马公民投票选举心目中的统治者。负责任命新领导人安古斯 · 马奇路斯的立法机构被称为“库里亚大会”。

古罗马广场建成

公元前 600 年

古罗马广场是罗马史上最重要的机构，它是元老院所在地，也是主要立法规定的颁布地。在卢修斯·塔奎尼乌斯·普里斯库斯（Lucius Tarquinius Priscus）统治时期，广场竣工。先前的统治者都曾来过此地朝圣，从建成的排水工程到朴素的庙宇都留下了他们的身影。普里斯库斯的贡献是施工完成了主要的矩形建筑，并铺设了整个广场。这一广场堪称罗马民主的心脏，在历史的进程中发挥了极大的作用。

△ 古罗马广场至今仍屹立不倒，是这座城市最具标志性的建筑之一

古老的拉丁文碑文
最早的书面拉丁文可以追溯到公元前 600 年前后，那时罗马人开始积极地记录他们的法律。
公元前 600 年

塞尔维乌斯·图利乌斯成为国王
塞尔维乌斯·图利乌斯担任了一段时间的摄政王后，元老院一致认为他是合适的候选人，并推举他为第六任国王（伊特鲁里亚后裔中的第二任国王）
公元前 575 年

616 BCE — 600 BCE — 579 BCE — 578 BCE — 575 BCE

卢修斯·塔奎尼乌斯成为国王
雄心勃勃的政治家卢修斯·塔奎尼乌斯是王政时代公民推举选出的第五位国王。
公元前 616 年

马克西姆下水道完工
马克西姆下水道是在普里斯库斯的指导下建造完成的，它是首条在罗马市中心建造的下水道。更早的时候，人们就曾数次尝试修建下水道，但这才是第一个真正意义上的成品。
公元前 578 年

△ 普里斯库斯的谋杀案在几年后呈现出令人担忧的势头

普里斯库斯死于暴乱

公元前 579 年

卢修斯·塔奎尼乌斯·普里斯库斯是罗马史上第一个死于谋杀的国王，他在前国王安古斯·马奇路斯之子组织的暴乱中命丧黄泉。据传，安古斯·马奇路斯的儿子们认为应该由他们继承王位，所以在人民中策划了一场暴乱。普里斯库斯在混乱中头部遭到重创。据说，普里斯库斯的妻子发现她丈夫只是受伤了，并没有死，于是利用这段时间任命伊特鲁里亚人塞尔维乌斯·图利乌斯成为摄政王。

△ 推翻君主制并建立共和制

推翻罗马君主制

公元前 509 年

国王之子凌辱妇女卢克里莎一事，成为这场积年甚久的政治暴乱的导火索。暴君卢修斯·塔奎尼乌斯·苏佩布斯为政暴虐，独断专横，引起罗马公民和元老院的强烈不满。由于塔奎尼乌斯十分痴迷于建筑工程，几近耗空了皇家金库，且在军事上决断愚昧（更多的是基于提升地位而非改善王国的考虑），人民发动了起义，将塔奎尼乌斯驱逐出境并推翻了君主制。

△ 卢克里莎因被强奸而自杀身亡

图利乌斯修建城墙
图利乌斯继位后，当机立断在罗马修建防卫城墙，这是罗马统治者修建的首个防御工事。
公元前 550 年

550 BCE　535 BCE　509 BCE

卢修斯·塔奎尼乌斯·苏佩布斯的儿子强奸贵族妇女
苏佩布斯本就是一个声名狼藉的国王，暴虐程度远近闻名，他的儿子塞克斯都斯玷污贵族妇女卢克里莎的消息一经传出，罗马就陷入了混乱之中。
公元前 509 年

△ 塞尔维乌斯·图利乌斯推动完善国家的金融和军事基础设施

塞尔维乌斯·图利乌斯遇刺身亡

公元前 535 年

继普里斯库斯的谋杀案后，另一个令人担忧的问题是，国王塞维乌斯·图利乌斯也在统治 44 年后被其亲生女儿塔利娅和女婿卢修斯·塔奎尼乌斯·苏佩布斯暗杀。图利乌斯精心规划了多项改革，是一位受人爱戴的国王。苏佩布斯说服元老院推举他成为罗马第七位也是最后一位国王。罗马史上最臭名昭著的统治由此开始了……

罗马共和国
前 509 年—前 27 年

罗马共和国成立
公元前 509 年

在人们推翻君主制且驱逐卢修斯·塔奎尼乌斯·苏佩布斯后，元老院建立了新的共和国。在新的政体下，两位“执政官”作为最高掌权者共同治理国家，每个执政官任期一年。共和制政体确立后，元老院和市民会议被赋予新的权力，公民权和公民影响力逐渐凌驾于统治国家的法律之上。根据法令，罗马永不承认国王，并选举卢修斯·尤尼乌斯·布鲁图斯和卢修斯·塔奎尼乌斯·科拉提努斯为第一任联合执政官。

◁ 左边是卢修斯·尤尼乌斯·布鲁图斯，他被扈从（行政长官的保镖）簇拥着

席尔瓦·阿西亚之战
在席尔瓦·阿西亚战役中，共和军与被废黜流放的塔奎尼乌斯国王的忠实拥护者狭路相逢。塔奎尼乌斯的部队兵败将亡，但卢修斯·尤尼乌斯·布鲁图斯也在战斗中丧生。
公元前 509 年

贵族和平民通婚合法化
另一项旨在培养高级贵族和普通平民之间平等意识的举措是两个阶层之间通婚的合法化。
公元前 445 年

509 BCE — 501 BCE — 449 BCE — 445 BCE — 443 BCE

公民大会被赋予新的权力
随着民主意识的日益增长，罗马公民大会（以前被称作市民大会）拥有了协助制定罗马法律的权力。
公元前 449 年

设立执政保民官
设立执政保民官的办事处。这是一个由 3 个委员会所组成的议事会，他们手握执政官之权，解决平民和贵族之间的权力纷争。
公元前 443 年

元老院颁布独裁官制度
公元前 501 年

尽管过去一人独揽大权的政体让这个国家举步维艰，但元老院还是决定出台紧急状态法，在出现危机时向个人授予临时最高行政权力，即元老院终极决议。萨宾人入侵的威胁迫在眉睫，此时，元老院从提图斯·卢克莱修和普图姆斯·科弥尼乌斯·奥卢斯中推选前者就任独裁官。

△ 萨宾人与罗马之间旷日持久的对抗

塞农人洗劫罗马

公元前 390 年

公元前 390 年，罗马遭受了有史以来最严重的国难——塞农人进军罗马并将其洗劫一空。塞农是一个入侵意大利北部的高卢部落，据传，7 月 18 日，罗马人与塞农人开始交锋。尽管罗马人在对抗蛮族时取得了成功，但凶悍的塞农人几乎将他们彻底击溃，塞农人长驱直入，攻入罗马。塞农人发现，这座城市基本上没有设防，然后便开始杀戮城内的老者，将建筑夷为平地，尽其所能地掠夺一切。最后，一个叫卡米卢（Camillus）的罗马将军带着一支救援部队到达，彻底击败了塞农人。

△ 罗马人不得不在卡米卢和他的军队到达之前向塞农人行贿以恳求他们离开

罗马士兵开始挣工资
在罗马史中，得益于军队长期侵略所获得的财富，罗马士兵第一次拥有稳定的工资收入。
公元前 396 年

第一任平民裁判官
尽管贵族和平民之间存在着政治斗争，但第一任平民裁判官还是出现了。
公元前 337 年

396 BCE — 390 BCE — 337 BCE — 293BCE — 225 BCE

进行罗马人口普查
公元前 293 年前后，监察官进行了一次官方性质的人口普查，结果显示，罗马的人口已经膨胀到大约 30 万人。
公元前 293 年

△ 这对高卢人来说是一个巨大的损失，大约有 4 万人被杀，另外 1 万囚犯被卖作奴隶

罗马成功阻止高卢人入侵

公元前 225 年

公元前 225 年的泰勒蒙战役阻止了高卢人即将发动的大规模入侵。罗马与意大利北部少数高卢部落缔结了和平契约。然而，一个新的高卢联盟却漠视这一条约，挥师进入意大利北部的罗马。在执政官盖乌斯·阿提利乌斯·雷古鲁斯（Gaius Atilius Regulus）和卢修斯·埃米利乌斯·帕普斯（Lucius Aemilius Papus）的指挥下，罗马军队向泰勒蒙进军，击败高卢人，扩大了罗马的影响力。

阿劳西奥战役

公元前 105 年

罗马在阿劳西奥战役中遭遇了最糟糕的军事败绩之一，这场战役是执政官之间关系的转折点，也是许多重要改革的开端。战役之初，庞大的高卢部落辛布里人迁徙经过高卢，导致了部落间的等级平衡被打破。随着辛布里人的数量不断增加，由执政官昆图斯·塞维利乌斯·凯皮奥和执政官尼亚斯·马利乌斯·马克西姆斯指挥的两支军队抵达高卢与之会面。然而，两位领导者之间的战术分歧带来了灾难性的后果，导致超过 10 万罗马士兵丧生。

△ 阿劳西奥的失败给罗马敲响了警钟，并开启了重要改革

马其顿省成立

在与罗马进行了一系列长期战争之后，马其顿部落的土地最终被纳入共和国，并成为罗马的一个省。

公元前 146 年

第一次元老院终极决议

公元前 121 年，元老院通过了第一次元老院终极决议，授予执政官卢修斯·奥皮米乌斯紧急权力去击败盖乌斯·格拉古军队。

公元前 121 年

同盟者战争

当一系列罗马市民（统称为拉丁人）反抗罗马与其盟国之间在土地所有权和财富上的不平等时，同盟者战争爆发了。

公元前 91 年—公元前 88 年

前三头同盟形成

前三巨头同盟是由罗马最有权势的 3 个政治家（盖乌斯·尤利乌斯·恺撒、庞培和马库斯·李锡尼·克拉苏）组成的。

公元前 59 年

146 BCE — 121 BCE — 105 BCE — 91 BCE — 73 BCE — 59 BCE

△ 斯巴达克斯的叛乱对未来几十年的主奴制产生了影响

第三次奴隶战争开始

公元前 73 年

斯巴达克斯领导的第三次也是最后一次奴隶起义，是唯一一次威胁到罗马自身稳定性的奴隶起义。一群逃跑的角斗士拉帮结派，这些奴隶希望得到真正的自由。在角斗士斯巴达克斯的领导下，寸兵尺铁的叛军在罗马指挥官马库斯·李锡尼·克拉苏镇压起义之前，击败了一些罗马军队。

恺撒被暗杀
公元前 44 年

△ 恺撒的死亡导致了内战和帝国的形成

在被暗杀之前，尤利乌斯·恺撒已经从执政官和前三头同盟成员一跃成为这个国家最有权势的人。他并不是人们认为的皇帝，而是一个执政官，他在公元前49年被元老院票选为执政官，然后又在公元前45年再次当选。随后，元老院通过了一项表决使他成为终身独裁官，这一结果使许多没有投赞成票的议员担心恺撒会自立为王。3月15日，一场阴谋在历史舞台上演。恺撒被他的盟友背叛，在庞培剧院被刺死。

埃及省成立

公元前30年前后，埃及在北非的统治地位逐渐减弱，最后被罗马纳入版图之中，成为罗马的一个省。

公元前 30 年

44 BCE　30 BCE　27 BCE

△ 元首制给人一种共和时代的假象，但实际上奥古斯都拥有几乎所有的权力

奥古斯都称帝
公元前 27 年

在舅祖父尤利乌斯·恺撒死后，盖维斯·屋大维（Gaius Octavius）与马克·安东尼（Marc Antony）和马尔库斯·埃米利乌斯·雷必达（Marcus Aemilius Lepidus）组成了后三头同盟来寻找刺客。联盟最终引发了内战。雷必达最终被流放，马克·安东尼在亚克兴战役（Battle of Actium）中失败后自杀。元老院授予奥古斯都终极执政权，随后，奥古斯都开始为元老院设计组织框架，这就是元首制和帝国的开端。

罗马帝国
前 27—476 年

罗马征服不列颠
公元 43 年

自公元前 55 年恺撒第一次入侵不列颠以来，罗马人与不列颠各部落的贸易关系在克劳狄皇帝彻底征服不列颠之前都相对稳定。然而，卡图维勒尼人已经取代特里诺万特人成为不列颠东南部最强大的王国。雄心勃勃的卡图维勒尼人开始侵占效忠于罗马的阿特雷巴特人的土地，此举迫使罗马出兵平定不列颠。这场战争最终将罗马人带到英格兰和苏格兰。

元老院授予奥古斯都新头衔
屋大维成为罗马的绝对统治者，元老院授予他奥古斯都、王者和第一公民的头衔。
公元前 27 年

罗马大火
据传，烧毁罗马大部分基础设施的大火实际上是尼禄皇帝自己制造的。但尼禄将责任推给基督徒，并最终导致了一场血腥的清洗运动。
公元 64 年

27BCE — 43CE — 60CE — 64CE — 80CE

布迪卡于不列颠起义
罗马不列颠最大的叛乱之一是由爱西尼女王布迪卡领导的。虽然她有一支 10 万人的军队，但最终还是战败了。
公元 60 年

罗马斗兽场完工
公元 80 年，有史以来最大的圆形竞技场终于在罗马城中心完工。它可以容纳 5 万名观众，是罗马人民对血腥运动无尽热情的象征。
公元 80 年

◁ 尽管不列颠为罗马帝国提供了可观的资源，但它也是一片难以掌控之地

安东尼大瘟疫袭来

公元 165 年

安东尼大瘟疫（可能是天花的一种，也可能是早期的麻疹）是罗马有史以来最严重的流行病之一，它最终夺去了 500 多万罗马人的生命。人们认为瘟疫是从近东回来的军队带来的。这场肆虐了大约 15 年的瘟疫甚至夺走了皇帝卢修斯·维鲁斯的生命。

△ 瘟疫最严重时，每天会有约 2000 名罗马人死亡

三世纪危机
三世纪危机是一场长达半个世纪的内战和动乱，在此期间共有 26 人加冕为帝，罗马分裂成 3 个不同的国家。
公元 235 年

瓦勒良皇帝被俘
这是一起震惊整个罗马帝国的大事件：瓦勒良皇帝在与波斯帝国萨珊王朝的战斗中被俘，最终死于囹圄之中。
公元 260 年

122 CE　165 CE　235 CE　238 CE　260 CE　293 CE

开始修建哈德良城墙
为了阻止苏格兰和不列颠北部的蛮族，哈德良皇帝下令修建一道城墙。这道城墙被称为哈德良长城，一直保留至今。
公元 122 年

迦太基之战
忠于共治皇帝戈尔迪安一世及其儿子戈尔迪安二世的军队被属于马克西米努斯·特拉克斯皇帝的军队摧毁。戈尔迪安一世被杀，戈尔迪安二世自杀。
公元 238 年

△ 四帝共治一直持续到公元 313 年前后，那时，大多数领导人或已死去或被暗杀

戴克里先设立四帝共治制度

公元 293 年

在经历了近 50 年的混乱、内战和分裂之后，元老院承认政治家戴克里先为皇帝，随后，这位新帝建立了一种新的治理模式——四帝共治。戴克里先与其他 3 位共治皇帝一起，将罗马帝国划分为 4 个独立的辖区，每个皇帝都会单独负责其中一个辖区，辖区之间相互合作，共创繁荣。这一概念一度被证明是成功的——每个辖区都有自己的首都和常备军。然而，尽管这是一个联合性质的国家，但戴克里先依旧是最高领导人。

君士坦丁成为第一位信奉基督教的皇帝

公元 306 年

基督徒与罗马宗教的共存并不和谐。事实上，在戴克里先统治期内，基督教社区被妖魔化并遭到清洗。然而，当君士坦丁成为唯一的皇帝时，一切都改变了。他着手改革国民心态，于公元 325 年主持了第一次尼西亚公会议并召集主教会议，建立了现代基督教的共识。

△ 君士坦丁的改革永久地改变了罗马，包括设立一种新的货币来对抗通货膨胀

首都从罗马迁至君士坦丁堡

作为君士坦丁大帝对罗马价值观的系统性变革的一部分，他放弃了罗马，将新都定为君士坦丁堡，即如今的伊斯坦布尔

公元 330 年

306 CE　330 CE　395 CE

罗马被分为两个帝国

公元 395 年

君士坦丁堡方面欲在东方的拜占庭帝国统治罗马帝国，由此导致的一个直接结果就是这个国度将在两个帝国行政机构之下运转。狄奥多西一世皇帝在临终前，将帝国分与两个儿子继承，罗马帝国分裂为东、西罗马帝国。阿卡狄乌斯成为东拜占庭帝国的奥古斯都，他的兄弟霍诺里留成为西罗马帝国的奥古斯都。对罗马人来说，他们的国家并没有被分裂，相反，东、西两个独立的政府共同管理国家成了一种常态。

△ 在一段时间内，西罗马帝国的统治权落在了摄政王斯提里科(Stilicho)的手中。之后，他的无能导致他在公元 408 年被捕并遭到杀害

西罗马帝国沦陷
公元 476 年

到了 5 世纪中叶，西罗马帝国已呈日薄西山之态。皇帝不再拥有昔日的权力和地位，帝国也缺乏东方拜占庭帝国的稳定性。现任皇帝罗慕路斯·奥古斯都在一年前由他父亲任命为皇帝，但此举并没有得到人民或元老院的支持。随后，军事指挥官奥多亚塞发动叛变，废黜皇帝。在元老院的支持下，奥多亚塞成为意大利的第一位国王。

▷ 罗马已经走完了一个完整的历史闭环。随着传统帝国的衰落，君主制得以重建

西哥特人洗劫罗马
800 年来，罗马第一次被敌人成功占领。这座城市被西哥特人洗劫一空，哥特国王亚拉里克领导的西哥特人几乎将此夷为平地。
公元 410 年

410 CE

476 CE

“罗马帝国走在时代的前方，即使是黑暗时代也没有消除它留下的印记”

罗马帝国留下的深远影响

罗马王国、共和国和帝国都非常强大，即便是今天，我们也可以看到罗马在历史长河中留下的独特印记。从语言到基础设施，罗马帝国是一个远远领先于时代的国家，即使是黑暗时代的倒退岁月也未能消除它的印记。

拉丁语是帝国的官方语言，它并没有随着王国的消亡而消亡，而是一直蓬勃发展。它被认定为天主教会的官方语言，同时也是科学界的事实语言。我们可以从英语、德语、荷兰语和许多其他现代方言中找到它的影子。

我们如今的历法结构和风格也都得益于罗马人——他们创造了儒略历。这份历法由恺撒引入，将一年 365 天的时间划分为 12 个月。也正是罗马人将一月定位新一年的开始，同时每 4 年增加一个闰年。

罗马人还将每周定为 7 天，以行星名给其命名（除了起源于基督教的星期日）。罗马对民主政体和法庭的使用在无数国家中仍然可见；同时，它在君士坦丁大帝的统治下信奉基督教，成为天主教的家园。除此之外，罗马人使用下水道、渡槽和道路向世界各地展示如何修建持久的基础设施。

凯尔特不列颠

CELTIC BRITAIN

探寻罗马人越过英吉利海峡之前，不列颠的生活是什么样子

凯尔特人

THE CELTS

欧洲

前 1200—500 年

他们是谁？

凯尔特人是一个定义并不明确的部落群体，他们共同组成了古代欧洲最大的人群之一。他们主要生活在陆地的小型社区中，其中一些社区随着时间的推移逐渐合并，成为较大的定居点，并通过类似的宗教、语言和文化非正式地联结在一起。

延伸至欧洲的尽头

他们分布广泛，部落的定居点从不列颠群岛跨越到中欧和乌克兰的边界。一些群体甚至到达更远的地方，在巴尔干半岛定居，并向西亚延伸。

古老的起源

我们现今所说的凯尔特文明存在于前 750 年前后，但其存在的最早考古证据可以追溯到前 1200 年前后。他们在前 500 年前后开始迁移到不列颠，尽管他们从未真正“消亡”，但许多人要么迁移，要么融入了罗马人之中。

◁ 布迪卡率领军队对抗罗马入侵者

聪明的“野蛮人”

尽管神话往往将他们描绘成野蛮人，但他们拥有令人惊讶的知识储备。例如，他们的日历比罗马人的日历更加准确，证明他们有能力进行数学和科学思考。

战士民族

凯尔特人都是从小就接受战斗训练的凶猛战士。他们的武器主要是铁质的，他们以能收集到最多的敌人头颅为荣，因为他们认为每一个头颅中都包含了一个灵魂。

德鲁伊

凯尔特人拥有强大的宗教文化，被称为德鲁伊的圣人具有很强的影响力。他们往往花费 20 年时间接受职业训练，学习凯尔特人的习俗、天文学和哲学知识，并经常充当统治者和普通民众的顾问。

△ 一座已消失贵族部落的石碑

△ 在科利尼发现的一块重新组装的日历板

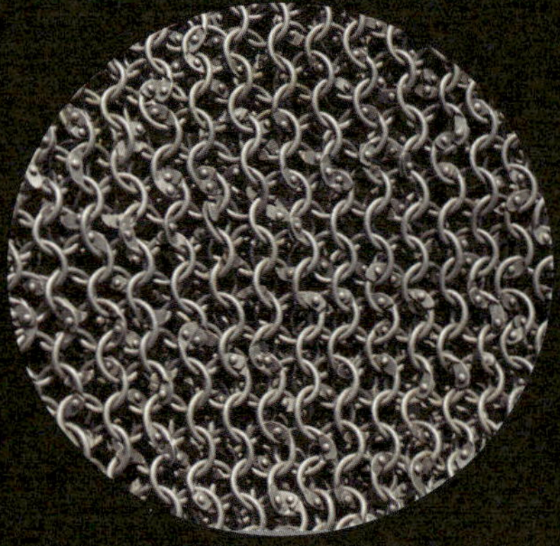

△ 凯尔特人制作复杂的锁子甲

道路建设者

虽然罗马人通常以路线规划大师自居，但凯尔特人实际上在他们之前就已经建造了道路系统。他们的道路是用木头做的，出于贸易目的而连接不同的定居点。

△ 德鲁伊是凯尔特人的宗教领袖

关键人物

布迪卡
约 60 年
爱西尼部落的战神王后，于公元 61 年领导了反对罗马人的起义。

维钦托利
前 82—前 46 年
高卢阿维尔尼部落的首领，在高卢战争中联合高卢人对抗罗马人。

卡拉塔库斯
10—50 年
卡图维劳尼部落的首领，在被抓获之前躲避罗马人多年，最终被赦免。

卡西维拉努斯
约前 54 年
前 54 年，他率军抵抗了恺撒在不列颠的第二次远征和军事行动。

科密乌斯
约前 50 年
在不同时期，他担任多个部落的国王。他与罗马领导人恺撒结盟，后来叛变。

重大事件

凯尔特人在不列颠定居
前 500 年
大约在这个时候，第一批凯尔特部落开始在不列颠定居，他们是逐渐从欧洲腹地迁移过来的。

凯尔特人洗劫罗马
前 387 年
高卢凯尔特人在阿丽亚战役中击败罗马人后，洗劫了这座城市。

前来不列颠的罗马人
43 年
穿越英吉利海峡后，罗马人最终取代凯尔特人的地位，成为不列颠的统治力量。

布迪卡起义
61 年
在她的领导下，有 7 万～ 8 万凯尔特人反抗罗马人的统治，但没有成功。

罗马帝国的崩溃
476 年
随着罗马帝国的衰落，两种文明的大部分残余融合在了一起。

△ 身处不列颠的凯尔特人并没有留存任何书面记录，但留下了大量的山地堡垒，如彭布罗克郡的小城堡，现在是重建圆屋的地点

凯尔特不列颠
CELTIC BRITAIN

当罗马人入侵时，
他们遇到的是大批敌对的部落、凶猛的战士和冷酷的德鲁伊教团成员。
但是凯尔特人到底是谁，他们的传说有多少是真实的？

光是“凯尔特”这个词就令人回味无穷，让人联想到一个古老、坚韧、神秘的民族，他们生活在不列颠群岛和爱尔兰各地，并在罗马人入侵时奋起反抗。涂有菘蓝颜料的勇猛战士们毫不畏惧地挥舞着铁质武器冲向战场，让人望而生畏。那些让人骄傲的妇女，作为统治者和战士站在古代世界中，手握大权。还有他们的德鲁伊，穿着飘逸的长袍，举行令人毛骨悚然的仪式，他们向神明献祭，有时会活活烧死几十只动物或柳条人。

他们的定居点以数百个强大的山丘堡垒的形式耸立在土地之上，这些防御性的定居点至今仍矗立着，提醒着人们他们曾经的影响范围。他们文化中的旋涡形状、图案、人物和动物具有优美的艺术风格，为人们所喜爱，从而得以进一步传播。经历了几个世纪之后，这种艺术风格成了神秘的凯尔特标志。尽管如今凯尔特人的存在感比以往任何时候都强，但这些固有印象其实长期以来一直具有误导性。它们可能暗示在被罗马人征服之前，一个单一的种族群体占据了统治地位。但这并不是凯尔特人的故事。事实上，根本不存在“不列颠凯尔特人”。

凯尔特人不是一个独立的种族，而是多个因语言、习俗、宗教和文化类似而松散地联系起来的独立部落。他们在前 1000 年时遍布欧洲中部的大部分地区，最远到达现代的土耳其，有些人在此期间变得非常富有和强大。不过，由于缺乏书面记录，我们对凯尔特人散居地的了解是有限的。这些部落有口头传说，这就是为什么诗人在他们的社会中十分重要。这意味着我们不仅要依靠给后人留下深刻印象的考古发现，还要依靠他们的邻居和敌人，即希腊人和罗马人的著作去研究他们。

对希腊人和罗马人来说，凯尔特人是野蛮人，他们要确保将其描绘成对真正的文明构成威胁的野蛮人。不过，这种敌意针对的对象主要是以高卢人为主的欧洲大陆各大部落，而生活在不列颠群岛和爱尔兰的人实际上根本就不被他们认为是凯尔特人。直到 17 和 18 世纪，“凯尔特人”这个词才与罗马人所知的不列颠人联系在一起。

因此，“不列颠凯尔特人”这一说法——

△ 奥维斯特里山丘堡垒，被称为“铁器时代的巨石阵”

一个在统一凯尔特人群体控制下的部落——似乎是站不住脚的。更准确地说，罗马之前的不列颠人口是由一直生活到铁器时代的类似凯尔特人的个别部落或沿袭相同习俗的民族组成的。这并不是要贬低凯尔特人的影响。毕竟，今天最被认为是凯尔特国家和地区的是苏格兰、威尔士、康沃尔和马恩岛，以及法国西北部的布列塔尼，还有爱尔兰。

铁器时代的不列颠，生活着几十个部落，从苏格兰高地的红发卡莱多尼安人到诺福克的爱西尼人，其中以公元 1 世纪初由布迪卡领导的爱西尼人最为出名。在社会结构、习俗和生活方式等方面，他们都存在各自的差异。小规模的杜姆诺尼亚人群落居住在整个康沃

▽ 铁器时代圆屋的遗迹，是安格尔西的霍利黑德山坡上约 20 个圆屋之一

尔和德文，而在现在的威尔士，也有几个主要部落，包括德梅塔埃人（Demetae）、奥陶维斯人、志留人和狄克安格里人。狄克安格里人居住在德鲁伊的不列颠家园安格尔西附近。

敌对部落常常为争夺财产和土地而发生冲突，但人口在整个铁器时代稳步增长，达到约 100 万人。然而，尽管有些部落，如奔宁山脉的布里甘特人部落，通过将较小的部落置于他们的保护之下而发展壮大，但小部落并没有产生任何集体认同感，也不知道除了他们的邻居之外还有多少部落存在。

每个部落都有自己的统治者，他们有的是被选举出来的，有的是前任统治者直接任命的。部落中同时也存在通常由战士组成的精英阶层，他们通过实力获取忠诚，证明自己可以保证族人的安全。然而，同样强大的还有德鲁伊教士，他们是凯尔特人社会的高级祭司和精神支柱。经过多年的训练，他们担任宗教领袖、教师、治疗师、顾问和法官，深受尊重，以至于一位罗马作家曾说到，一位德鲁伊可以站在两支军队之间阻止一场战斗。

妇女也可以成为部落统治者或德鲁伊，因为她们享有比当时其他文明国家的女性更平等的地位。具有讽刺意味的是，罗马人将凯尔特人更加平等的社会作为他们野蛮的证据。虽然妇女没有与男人完全同等的权利，但她们可以拥有土地，在结婚和离婚方面拥有自由，并且会被要求参加战斗。事实上，是妇女教会了她们的孩子如何使用武器。

凯尔特人是声名远扬的凶猛战士，整个部落都会为战斗做准备。家人会陪同战士到战场上观看战斗。战士们可能不会像罗马人所说的那样赤身裸体上阵，但他们会把倒下敌人的头颅作为战利品，因为他们认为这是

△ 铁器时代，不列颠的一些部落在罗马人到来之前就开始使用硬币了

△ 重达 1 千克以上、由 64 根金属丝缠绕而成的斯内蒂瑟姆金丝项圈应该是戴在脖子上的

人类灵魂的容器。他们会把头颅装饰在马鞍甚至门柱上。抛开战斗技能，凯尔特人的生活主要围绕着耕作展开。他们饲养牛、猪、羊等动物并种植以小麦和大麦为主的庄稼，因为它们是制作面包和啤酒的重要原材料。收获的粮食会被保存在家附近的大粮仓或坑里，在节日和盛宴等公共活动中享用。他们并不完全依赖于自己产出的粮食，因为贸易在铁器时代变得越来越重要。像亨吉斯特伯里这样重要的港口会有从欧洲舶来的异国货物，如葡萄酒和水果，异国人通常用它们来换取毛皮、奴隶和贵重金属制品。

凯尔特人语言的秘密

铁器时代的不列颠
是如何成为“凯尔特人”的

公元前1000年的不列颠群岛和爱尔兰民族并不称自己为凯尔特人，将他们记载下来的罗马人也不这样称呼他们，然而凯尔特人的身份在爱尔兰、苏格兰、威尔士、马恩岛、康沃尔和布列塔尼这6个地方都存在着。

这可能要归结到语言上。16世纪，苏格兰历史学家、学者乔治·布坎南首次提出，这些地区的非英语语言与欧洲铁器时代高卢人所讲的语言相似，罗马人确实把这些高卢人称为凯尔特人。布坎南的说法意味着凯尔特人来到了不列颠群岛和爱尔兰。

之后的17世纪初，语言学先驱爱德华·卢德指出，凯尔特人的语言实际上有两个分支。一种是起源于高卢的布里索尼语，在威尔士语、康尼什语和布列塔尼语中可以看到其身影；另一种是来自伊比利亚半岛的戈伊德尔语（或称盖尔语），包括爱尔兰语、苏格兰语和曼克斯语。只是从18世纪开始，人们才把“凯尔特人”这个词作为身份的标志，此后它逐渐具有了民族和政治上的重要性。

△ 巴特锡盾牌，由青铜和红色玻璃镶嵌而成，于1857年从泰晤士河中打捞出来

△ 战斗并不是凯尔特人生活的核心，耕作才是

▽ 在韦林花园市的一个凯尔特人坟墓中发现的随葬品的仿制品，其中包括酒器等进口物品

凯尔特人的圆屋

A CELTIC ROUNDHOUSE

1000 多年来凯尔特人的特色住宅

凯尔特部落生活在小型农业社区中，通常居住在山地堡垒中，由沟渠和城墙围绕以加强保护。不列颠群岛上最大的凯尔特部落有 1000 名居民，但大多数部落规模较小，圆屋是最常见的住宅类型。在欧洲大陆，已知的较大凯尔特人定居点中有多达 1 万人，表明他们的生产和交换经济更为发达。

凯尔特社会由贵族战士领导，伟大的勇士们可以在马背或战车上作战，最大的圆屋属于他们，最小的圆屋则属于一代代延续的奴隶阶层。凯尔特社会的另一个特点是存在职业德鲁伊，负责所有宗教仪式；律师，维护广泛的文化规范；以及吟游诗人，颂扬伟大人物的事迹。

较大的山地堡垒定居点也是生产和交换的中心。前 3 世纪，凯尔特人开始广泛使用硬币，奴隶、武器、珠宝和其他商品的国际贸易也随之繁荣起来。

锥形结构

所有凯尔特圆屋都是圆锥形的。它们的确是非常敞阔的住宅，直径从 5 米到 15 米不等。建造屋顶时，需要先用一个木质框架来稳固基础结构，再用茅草来填充这个框架，最后在整座建筑的内外都涂上一层黏土和肥料。

水的收集

人类和动物的饮用、烹饪和洗涤用水，是通过认真收集雨水或从附近的泉水中汲取来保障的。在有条件的地方，人们也会在房屋的露台开凿水井和地洞，作为家畜的饮水泉眼。

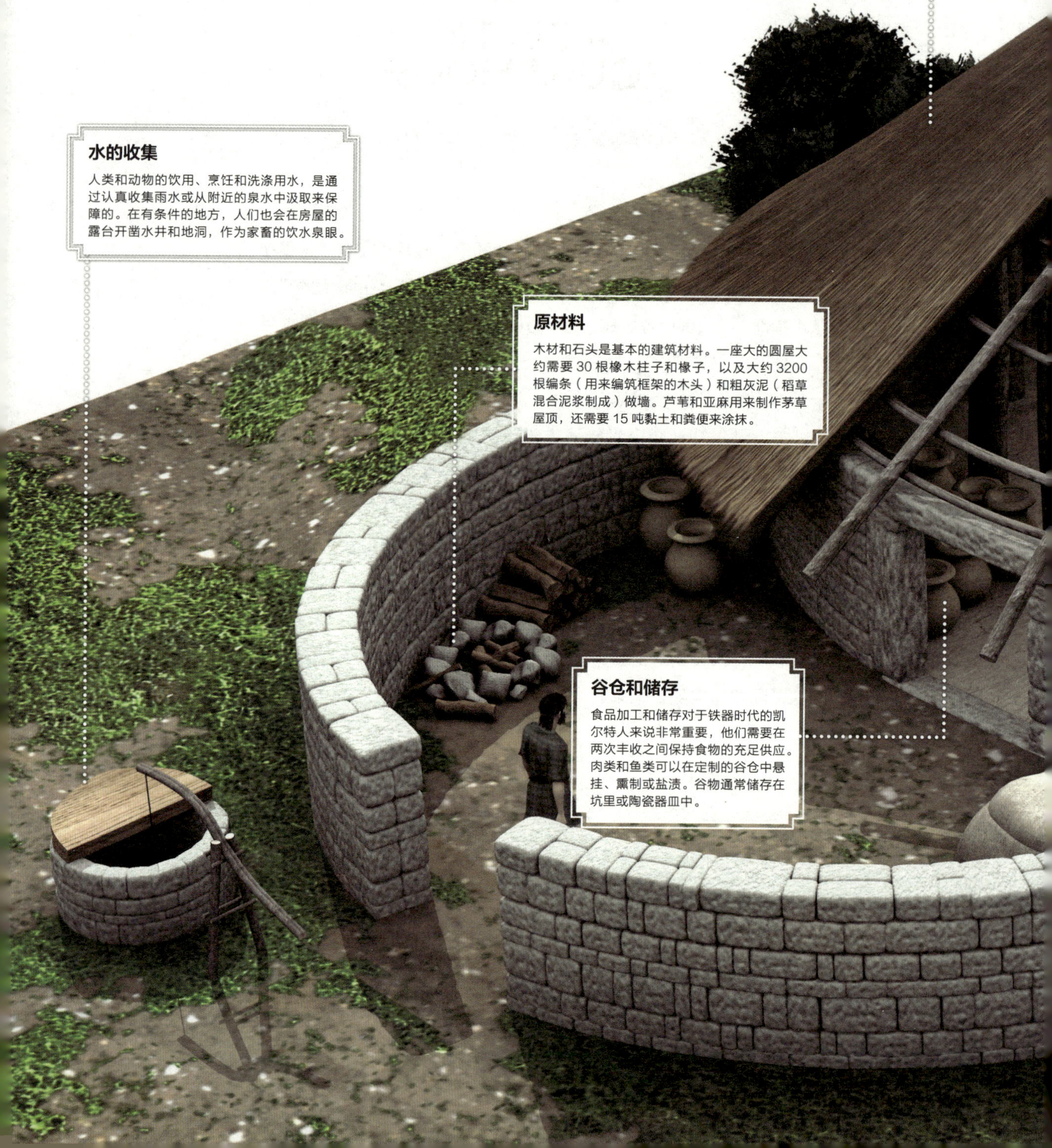

原材料

木材和石头是基本的建筑材料。一座大的圆屋大约需要 30 根橡木柱子和椽子，以及大约 3200 根编条（用来编筑框架的木头）和粗灰泥（稻草混合泥浆制成）做墙。芦苇和亚麻用来制作茅草屋顶，还需要 15 吨黏土和粪便来涂抹。

谷仓和储存

食品加工和储存对于铁器时代的凯尔特人来说非常重要，他们需要在两次丰收之间保持食物的充足供应。肉类和鱼类可以在定制的谷仓中悬挂、熏制或盐渍。谷物通常储存在坑里或陶瓷器皿中。

服装

凯尔特人穿长袖衬衫或外衣和长裤。这些衣服可能由羊毛或亚麻制成，视各人的财富情况而定。如果某人家庭富裕且住在靠近地中海的地方，衣服甚至可以是丝绸的。斗篷是用羊毛做的，用胸针（扣针）加以固定。

炉灶

在房子中央的炉灶上有一个用于做饭和取暖的火炉。因为由此产生的上升气流可能会点燃茅草，所以屋顶上是空的。用来做饭的锅用绳索支撑在木杆上。

布局

在家中，日常活动通常都有指定的空间。睡眠、工作、储存和食物准备都被限制在室内的精确区域内，这使人们相信凯尔特人觉得设置"有序空间"代表了一种仪式感。

家居陈列

铁器时代的凯尔特人为了充分利用空间，很少使用家具，但现在已经发现了他们使用长椅、凳子桌子和草席床的痕迹。有时，桌子只是位于住宅内墙旁边的土堆。动物皮和编织的毛布被悬挂起来，以提供额外的保温功能。

烘焙

室外会放置将谷物烘烤成面包的炉子。受地中海风俗影响，在公历纪元刚开始的几个世纪里，人们往往将谷物制成面包而不再是粥。

地基

地板是用石头铺成的，上面还覆有一层破碎的黏土。如果仔细维护并常铺以几层新鲜稻草的话，即使在冬季最糟糕的雨天，也能防止房屋变成泥潭。

凯尔特人对死亡的崇拜

CELTS CULT OF DEATH

从以人献祭到收集头颅，在古代世界，凯尔特人有着凶残的名声，他们也对来世有着生动的憧憬

在罗马人到来之前，哈尔施塔特和拉坦诺文化在凯尔特人的大陆文明中蓬勃发展，该文明的中心地带在欧洲中部，但一直向东延伸至小亚细亚，向西延伸至爱尔兰。虽然这是一个由部族组成的、没有中央集权的零散社会，但凯尔特人有一点是统一的，那就是对死亡的崇拜。在整个欧洲，凯尔特文化的这一部分主要集中在对人头颅的崇敬和精心设计的埋葬场所上。特别是在不列颠、爱尔兰和高卢（法国），一个被称为德鲁伊的阶层成为联系自然和超自然的纽带。凯尔特人认为，为了让部族得以生存并实现真正繁荣，死者必须得到一定的尊重。

凯尔特人对战士的传统思想与以前存在于古希腊和古罗马的英雄文化非常相似，精英战士作为优胜者和鼓舞人心的人物受到崇拜。人们相信，这些伟大英雄的灵魂在死后仍然存在，对死亡的崇拜是基于存在“另一个世界”的超自然领域的想法。人们相信，凯尔特人的肉体死亡后，其灵魂仍会继续存在。在欧洲各地人们都发现了精心设计的埋葬地点，食物、武器和日用品与死者一起埋于地下。这些经过装饰的墓地是凯尔特文化的最佳记录。

在对来世的想象中，另一个世界是根植于物质世界的，有时也被描述为地下世界或一个遥远的岛屿。一旦进入另一个世界，凯尔特人相信死后的生活是幸福的：那是一个充满盛宴和快乐的天堂。这也是他们在战场上异常凶猛的原因之一——他们不怕死，在敌人的剑锋下迎接自己的结局是一件值得向往的事情。战争中的勇敢和不顾后果被美化，并且一有机会就会被夸耀一番。对罗马人来说，这种死亡崇拜是最疯狂的野蛮行为，但对凯尔特人来说，它是一种生活方式。

战场上的死亡

凯尔特人不惧怕死亡，
他们是凶猛的战士，习惯与常人不同

凯尔特人通常不穿盔甲作战，而是在身上用菘蓝进行彩绘和文身，有时甚至会全裸，在古代战场上，凯尔特人象征着一种自然力量。他们挥舞着剑、匕首或标枪，带着盾牌，随着战争的呐喊和乐器的吹奏，他们的铁器击碎了罗马军团的头盔。胜利之后，凯尔特人会开始“猎头”行动，收集牺牲的战友和敌人的头颅。

对凯尔特人来说，在战场上倒下并不是结束。凯尔特社会对人头有一种特殊的迷恋，敌人被打败后，被砍下的头颅会用头发挂在马的脖子上，然后钉在堡垒或圣地的入口。这个奇怪传统背后的概念是，凯尔特人相信，一旦取走了被打败的敌人的头颅，胜利者会得到被打败者的精神力量。随后他们将这些头颅做防腐处理，作为战斗胜利的标志展示出来。根据凯尔特人的说法，人类的灵魂是有来世的，由于它存在于头部，所以必须不惜一切代价将头颅保留。与此同时，尸体会被挂在木架上展示，而敌人的武器则被拆散并埋葬，空气中飘扬着胜利的歌声。

前390年罗马被洗劫之后，罗马人一直惧怕好战的凯尔特人，但这种恐惧很快就变成了希望看到他们被打败的强烈愿望。当凯尔特人受雇成为罗马军队的辅兵时，他们热衷于砍头这件事变得广为人知。与罗马人不同，凯尔特人是一支高效、有组织的战斗力量，他们更张扬，例如一名凯尔特人统治者曾驾驶着一辆纯银制成的战车上战场。对“猎头”的痴迷并没有随着凯尔特人的灭亡而消失，在爱尔兰，这一传统在小范围内一直持续到中世纪，甚至在基督教传遍绿宝石岛的时候也是如此。

凯尔特人的武器

青铜和铁器时代见证了
大量用于战斗和埋葬的新武器的涌现

1 巴特锡盾牌

巴特锡盾牌由青铜板和 27 枚红色玻璃钉构成，于前 350—前 50 年间铸造于不列颠。虽然它被认为是拉坦诺时期的产物，但由于它的装饰风格与凯尔特人其他的物品没有关系，所以很难确定其确切的年代。

2 滑铁卢头盔

这只头盔大约可以追溯到前 250—前 50 年，青铜材质意味着它过于脆弱，是不可能被用于战争的。因此，人们认为它是一种仪式性的头饰。这是在欧洲发现的唯一一个铁器时代的该类型的头盔。

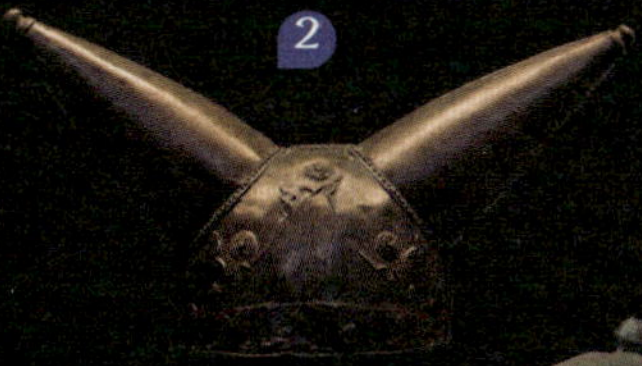

3 蒙特福特诺头盔

作为罗马军团的经典选择，蒙特福特诺头盔和科奥吕头盔最初都是凯尔特人设计的。这种圆锥形的头盔是高卢人的首选，最早出现在前 400 年前后。后来罗马人和迦太基人得到了它们并开始大量生产。

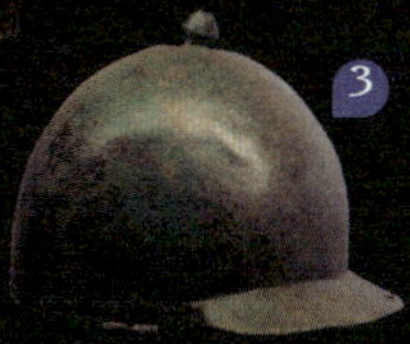

4 旺兹沃思盾牌

凯尔特人在战斗中大量使用盾牌来代替盔甲。盾牌往往是椭圆形的，它们可以是木质的，也可以是金属的。设计中心的凸起是一个金属杯，用来保护手持盾牌的人。

5 凯尔特人的铁剑

凯尔特人的战士都是专业的剑客，他们武器的设计水平与他们用剑的熟练程度相匹配。大型铁剑的长度可达 90 厘米，需要双手挥舞。也有较小的剑，可以在携带盾牌的情况下用于劈砍。

6 长矛和标枪

锋利的叶形铁头固定在灰木杆上，凯尔特人可以将它们抛向敌方步兵。与罗马军队第一次接触后，凯尔特人将矛头缩小，以便能够刺穿罗马军团的盔甲。战斗结束后，这些矛头会被收集起来。

女战士

无论是在前线还是在和平时期，
女战士和王后都发挥了巨大作用

凯尔特人在性别平等方面领先于其他同时期的古文明，他们允许女性成为战士或是王后，比如布迪卡和卡蒂曼杜瓦。虽然男性掌握着最终权力，但与希腊和罗马相比，凯尔特人给予女性的政治自由和合法保护是无与伦比的。古典派罗马作家对凯尔特妇女的恐惧是出了名的，因为她们在战场上和男人一样无所畏惧。女孩和男孩一样接受战争训练，她们学习如何携带武器，击退入侵者，甚至领导自己的战斗部队。英格兰东南部的爱西尼人是最著名的让女性上阵杀敌的部落之一，因为他们把罗马人赶出了伦蒂尼恩（罗马伦敦）。

妇女在精神层面也发挥了巨大作用。她们可以成为德鲁伊，所有职业都对她们敞开大门。有一则凯尔特神话描述了一个女人的国度。根据罗马作家波希多尼和斯特拉波的说法，这个岛屿是对来世构想的一部分，岛上只有女人，她们会将敌人彻底击垮；男人则因为害怕死亡而不能来到此地。

△ 布迪卡是爱西尼部落的王后，她领导了一场反抗罗马帝国占领军的起义

▷ 阿莱西亚战役发生在公元前 52 年，是恺撒军队和高卢部落之间的一次重大冲突

祭祀

神话和众神对凯尔特人来说意义重大，因此祭祀仪式司空见惯

收集头颅这种表现形式只是死亡崇拜的一部分。一旦头颅从战场上被带走，德鲁伊们就会开始举行精心设计的仪式，包括祭祀。凯尔特人相信祭祀能够促进超自然世界与自然的联系，这就是他们一直在举行这些仪式的原因。

虽然人们对人祭的真实性存有争议，但那个时代的罗马作家曾提及，在成功入侵不列颠后，德鲁伊的做法被克劳狄皇帝禁止了。据记载，在某种形式的人祭中，人们会将献祭者的头从身体上割下来，然后将其头骨完全打碎。这样做是为了防止鬼魂在死后四处游荡。

然而，凯尔特人崇拜的神非常多，而且每个神都要求不同形式的祭品。例如，献祭给柳树之神埃苏斯的人要被绞死；献祭给雷神塔拉尼斯的人要被焚烧；而献祭给人民之神图塔提斯的人则要被淹死。但在死亡崇拜中最臭名昭著的祭祀形式也许是柳条人。在恺撒关于凯尔特人死亡文化最知名的著作中，有一个被夸大的故事：凯尔特人会烧掉一个处于柳条制成的仿真像中的活人。据称这是献给诸神的祭品，但这一理论一直存在争议。

死亡崇拜也提供了惩罚罪犯的方式。这类处决在节日期间进行，处罚形式因供奉神明的不同而不同。一种比较流行的惩罚方式是把罪犯的肚子剖开，然后把他们吊在庙宇屋顶的椽树枝上。

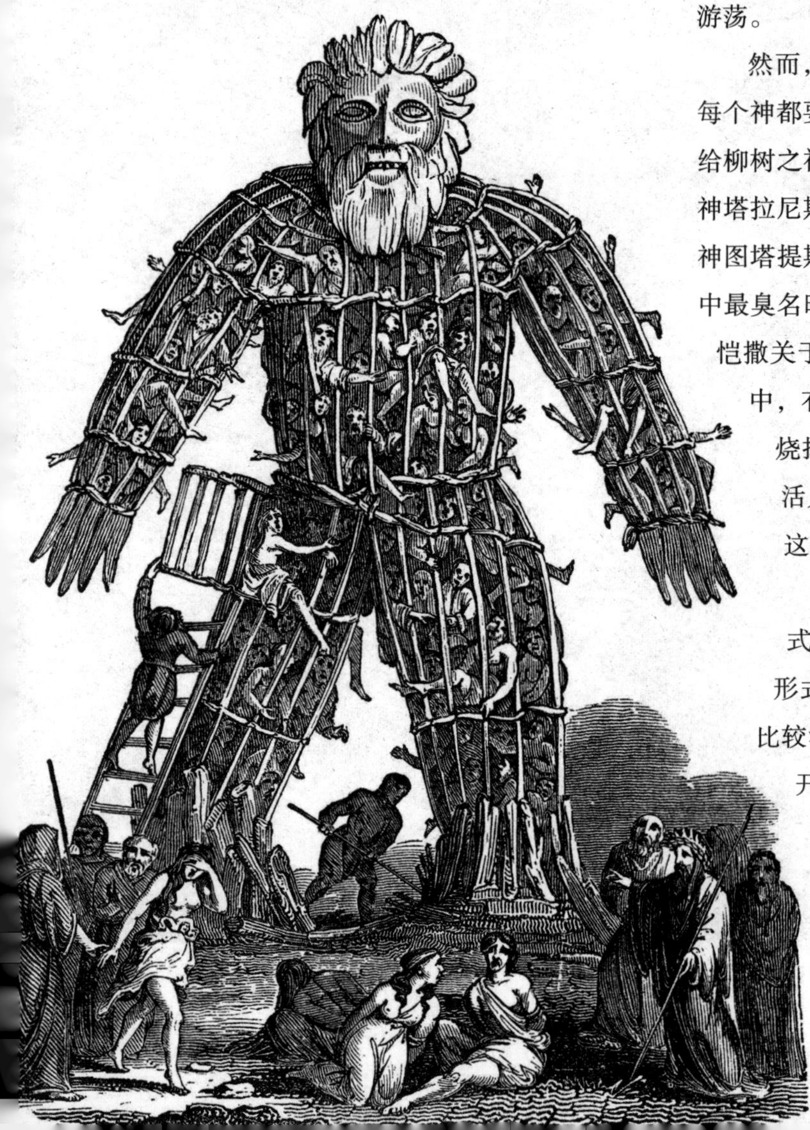

◁ 恺撒和波希多尼都在他们的作品中记录了在祭祀中焚烧柳条人的做法

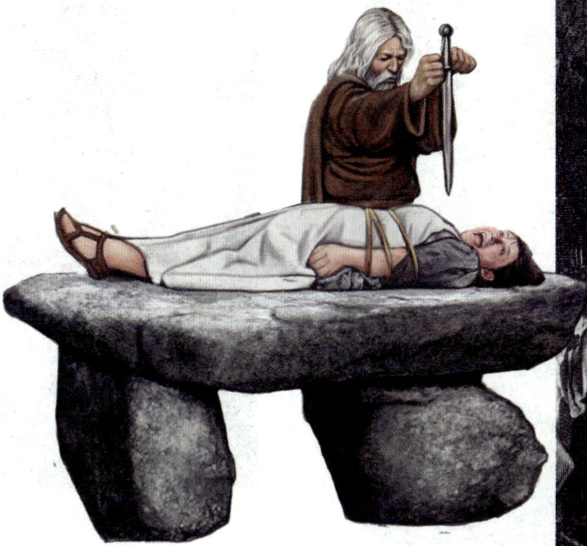

△ 人们希望以献上一个灵魂的方式帮助那些在战斗中病危或有死亡危险的人，于是举行献祭仪式

在死亡崇拜中，人类并不是唯一的祭品。如果凯尔特人认为动物可以安抚神明，他们就会随时宰杀动物，也会因为祭祀需要而将物资扔进湖泊和河流中。有史以来发现的最重要的祭祀坑之一位于威尔士安格尔西的林恩塞里格巴赫（Llyn Cerrig Bach），那里出土了150多件铁器，包括长矛、盾牌和剑。在瑞士的拉坦诺也有一个遗址，人们从纳沙泰尔湖挖出了大量武器。

并非所有祭祀都需要流血和损失。在人和动物祭祀的替代方案中，凯尔特人会用酒代替血，他们将一个双耳瓶装满，然后用剑砍掉瓶子顶部，以模仿斩首。虽然罗马人的著作是我们能够得到的关于德鲁伊和死亡崇拜祭祀的最好资料，但众所周知，为了征服凯尔特人，罗马人试图限制异常强大的德鲁伊的影响。因此，他们的描写很可能是极尽嘲讽之能事的。

德鲁伊奠定了基督教神职人员在中世纪社会的崇高地位，在议会中，神职人员拥有在国王面前发言的罕见权力。作为凯尔特人社会的宗教阶层，德鲁伊很可能是主持祭祀及其他仪式的人。罗马人记录中最疯狂的仪式之一被称为“牛眠”（Bull Sleep），他们认为：人们吃过牛肉之后裹着牛皮睡觉，当他们醒来时便会知道谁是下一任国王。

◁ 罗马人的叙述是支持凯尔特人举行人祭理论的主要来源

德鲁伊教士是否进行过人祭?

恺撒记录中关于德鲁伊教士举行人祭的说法是可信的。献给神明的生命可以换取别人的生命。因此，患有严重疾病的人或打仗的战士会举行人祭以换取自身性命，德鲁伊教士则会执行这一任务。动物在祭品中的地位是无可替代的，罪犯也是神明的最爱，但如果这些依旧不够的话，就只能牺牲无辜的人了。然而，我们并不知道凯尔特人的神明为什么想要献祭者的灵魂。

恺撒还向我们讲述了最令人毛骨悚然的献祭——“柳条人”，一个柳树枝制成的巨大仿真像装着献祭者，随后被付之一炬。他还说德鲁伊教起源于不列颠，所以从塔西佗那里听到不列颠凯尔特人中有沾满鲜血的祭坛也就不足为奇了。在更远的地方，据说定居在现在土耳其的凯尔特人——加拉太人在公元前165年的一场战斗后曾用他们的俘虏献祭。凯尔特人举行人祭的做法不足为怪。图伦男子（Tollund Man），在丹麦发现的一具泥沼中的尸体，成了一份做过风干处理的证据，证明当时日耳曼人也做过相同的事。

△ 根德斯特鲁普银锅的一个部分，展示了一位战士的牺牲和随后的重生

◁ 在德国发现的一具陷于泥沼的尸体。它被命名为温德比一世，据传是前41—118 年的一名 16 岁男孩

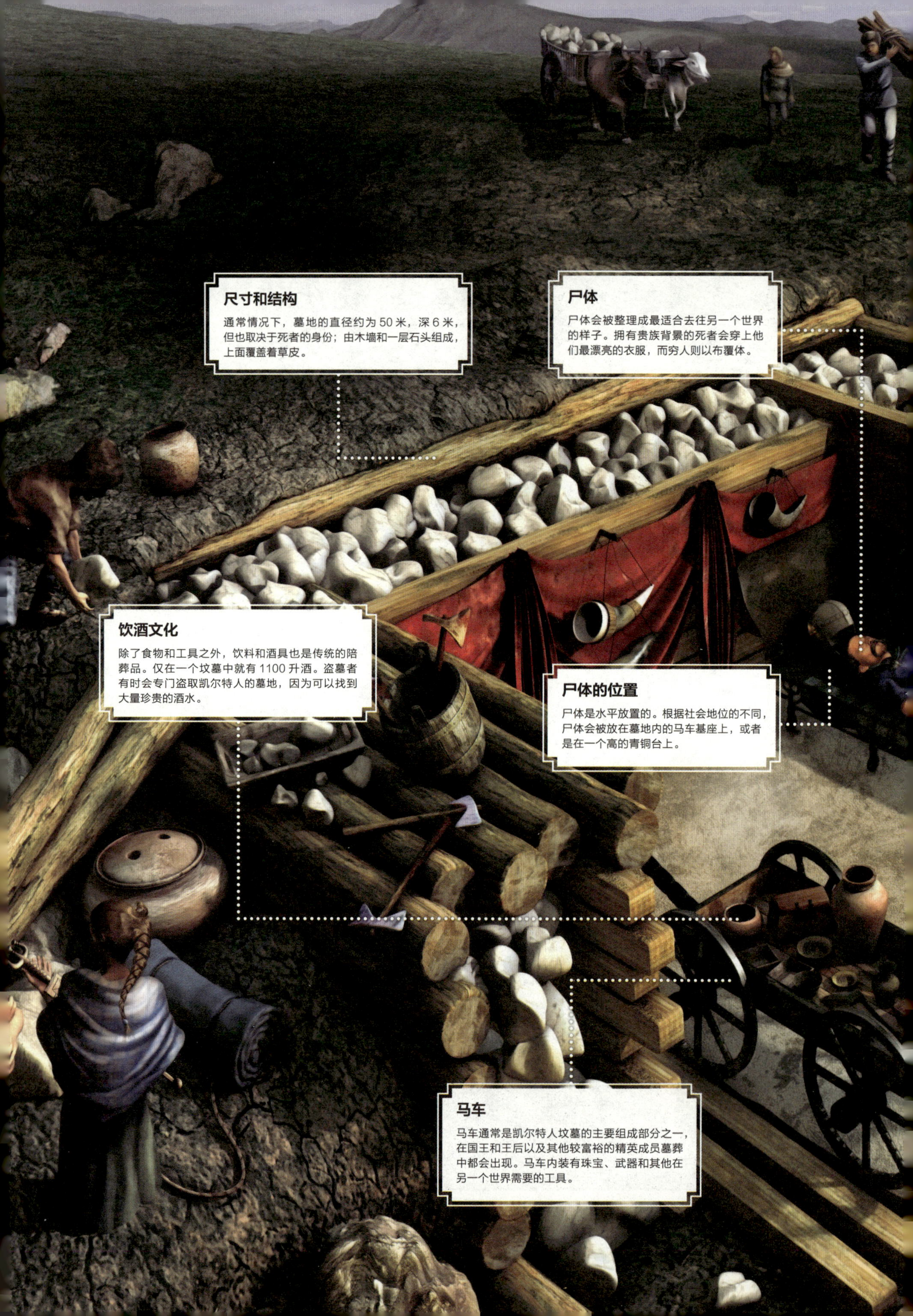
尺寸和结构
通常情况下，墓地的直径约为 50 米，深 6 米，但也取决于死者的身份；由木墙和一层石头组成，上面覆盖着草皮。
尸体
尸体会被整理成最适合去往另一个世界的样子。拥有贵族背景的死者会穿上他们最漂亮的衣服，而穷人则以布覆体。
饮酒文化
除了食物和工具之外，饮料和酒具也是传统的陪葬品。仅在一个坟墓中就有 1100 升酒。盗墓者有时会专门盗取凯尔特人的墓地，因为可以找到大量珍贵的酒水。
尸体的位置
尸体是水平放置的。根据社会地位的不同，尸体会被放在墓地内的马车基座上，或者是在一个高的青铜台上。
马车
马车通常是凯尔特人坟墓的主要组成部分之一，在国王和王后以及其他较富裕的精英成员墓葬中都会出现。马车内装有珠宝、武器和其他在另一个世界需要的工具。

葬礼和来世

凯尔特人的葬礼是为死者来世做准备的仪式性活动

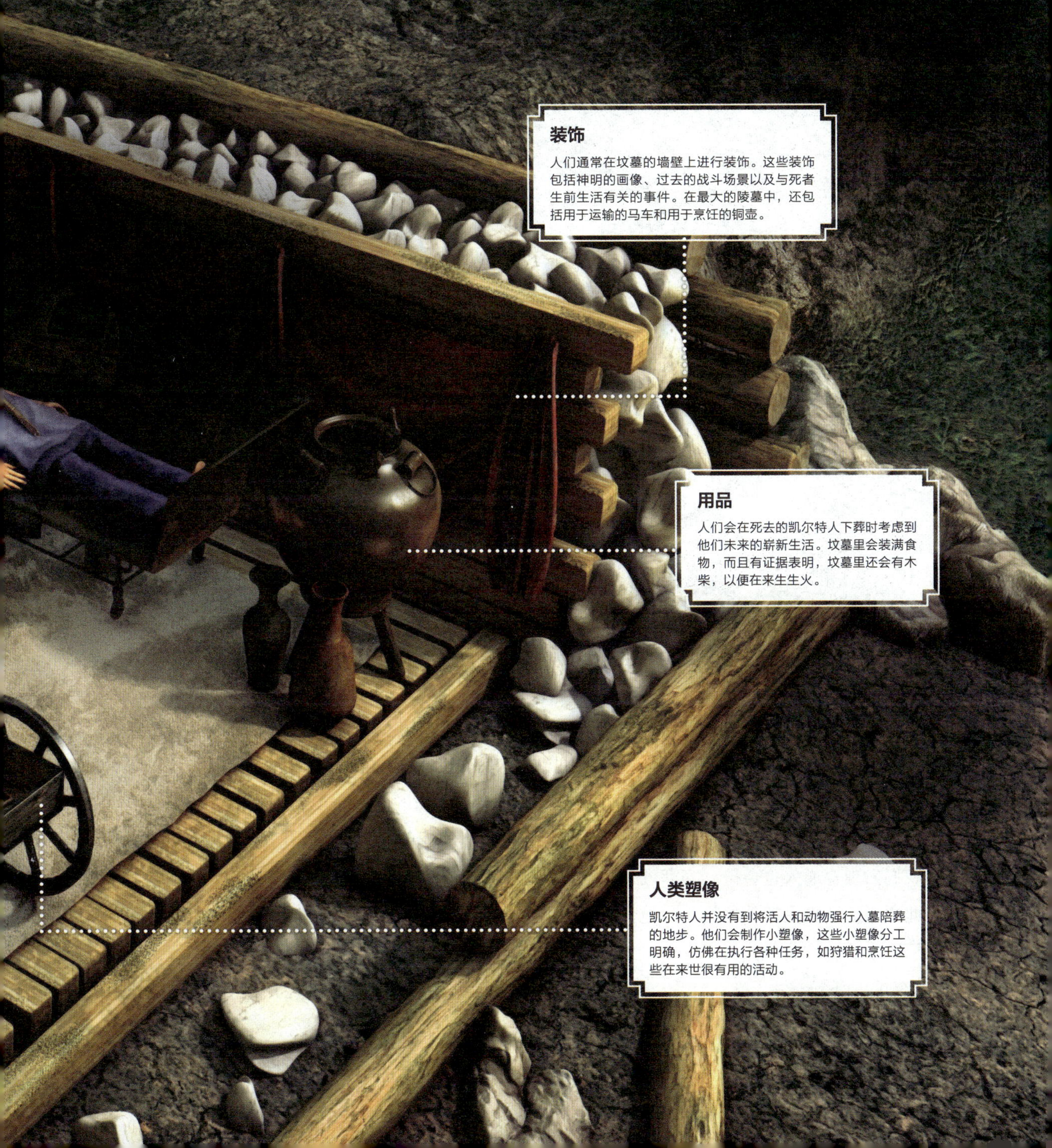

装饰

人们通常在坟墓的墙壁上进行装饰。这些装饰包括神明的画像、过去的战斗场景以及与死者生前生活有关的事件。在最大的陵墓中，还包括用于运输的马车和用于烹饪的铜壶。

用品

人们会在死去的凯尔特人下葬时考虑到他们未来的崭新生活。坟墓里会装满食物，而且有证据表明，坟墓里还会有木柴，以便在来生生火。

人类塑像

凯尔特人并没有到将活人和动物强行入墓陪葬的地步。他们会制作小塑像，这些小塑像分工明确，仿佛在执行各种任务，如狩猎和烹饪这些在来世很有用的活动。

凯尔特人怎么了?

在罗马帝国结束那段时期前后，凯尔特文化瓦解了。日耳曼部落洗劫了日渐衰落的帝国，凯尔特人被迫退缩到爱尔兰、苏格兰、威尔士和法国布列塔尼的小块区域。罗马天主教会在凯尔特文化的消亡和留存中都发挥了重大作用。人们认为，公元前 700 年前后，德鲁伊教就已经退出了历史舞台，在这之后继续暗中苟延残喘了很短的时间就彻底消失了。当天主教占领不列颠群岛时，异教遗址被改造为大教堂，异教之神要么被遗忘，要么被与圣人挂钩。不列颠语、曼克斯语、威尔士语和爱尔兰盖尔语仍然以某种方式在不列颠群岛和欧洲地区保留，确保了凯尔特人的传统习俗和文化继续存在。

凯尔特人的死亡崇拜

凯尔特人的葬礼在他们认为神圣的地方举行，如小树林中或天然泉水旁。铁器时代是我们发现普通人也会得到安葬的最早时期。在此之前，埋葬是精英的特权，他们被安置在精心设计的坟墓中，而不是在凯尔特人时期标准的地下坟墓中。

无论是在欧洲大陆还是不列颠，许多凯尔特人都接受了强加给他们的新罗马文化，开启了所谓的高卢－罗马时期。这对葬礼仪式产生了影响，从那时葬礼开始在被称为“法纳姆”（fanum）的寺庙中举行，这些寺庙建在神圣之地上。文化差异，加上凯尔特人不是一个集中化的社会，意味着凯尔特人的宗教观比其他古代文明更加不为人知。

像北欧的瓦尔哈拉英灵殿和古希腊的冥界一样，凯尔特人对死后的生活有一套自己的理论。凯尔特人认为另一个世界看起来像海中的群岛，也被称为“快乐的平原”或“年轻人的土地”。这里幸福永存，没有疾病、衰老或死亡。一则爱尔兰故事中提到了去另一个世界的旅程，它讲述了一个美丽的女孩乘着一艘玻璃船载着一位英雄远行的故事。瀑布被认为是通往另一个世界的主要通道，因此，人们在瀑布边上留下礼物，或把礼物扔进瀑布，作为对神的供奉。凯尔特人认为瀑布的精神力量非常强大，以至于溪流具有治愈伤口的能力。关于这些不朽灵魂转世的故事包括“芬坦”（Fintan）的故事，他化身成人、鹿和鹰生活；还有埃琳（Erin，爱尔兰旧称）的两头大公牛，它们以人的姿态重生后成为圣人。这些史诗般的故事激励着凯尔特人继续祭祀活动，并在战斗中倾尽全力。

从社会的最高阶级到最低阶级，凯尔特人都希望去另一个世界时保持他们的地位。在埋葬了他们最自豪和最重要的财产之后，凯尔特人相信他们去往来世的旅程会更加顺利。在欧洲各地的凯尔特人坟墓中，人们发现了头盔、盾牌、匕首和斧头，它们皆有复杂的设计。这些装备并不像铁器时代战场上的武器由坚固的材料制成，因此可能更多的是用于仪式之中，供死者在去往来世之旅中随身携带。

凯尔特人的死亡崇拜有一部分保留至今，那就是“三圣节”。这个节日对当代万圣节庆典产生了一定的影响。三圣节是每年的10月31日，即收获结束的日子。传统的做法是熄灭家里的火，在村子里点燃一个公共火堆。德鲁伊教士告诉人们，在这里通往另一个世界的边界暂时关闭，灵魂可以混入人群之中。那时，人们会戴上面具，穿上表演性质的服装，这也是我们今天在万圣节庆祝活动中身着特殊服装的原因之一。

恺撒入侵不列颠

CAESAR'S INVASION OF BRITAIN

恺撒是罗马有史以来最伟大的军事指挥官，但他从未征服过那个偏僻的欧洲角落

公元前1世纪的不列颠只是一个位于所谓文明世界边缘的岛屿，那是一个黑暗、未知的地方。据说那里的居民是半人半兽且身涂蓝色颜料的野人，他们会进行人祭，把被屠杀的敌人的头颅挂在腰带上。对大多数罗马人来说，不列颠尼亚是一个噩梦般的阴暗之地。

但恺撒却不像大多数罗马人那样畏惧。公元前55年8月，这位罗马崛起的超级巨星征服了高卢的大部分地区后，站在布伦岸边，凝视着英吉利海峡。天气晴朗时，人们可以从那里看到肯特的海岸。对这名杰出的赌徒来说，地平线上那片未知的土地拥有诱人的财富。毫无疑问，在那里登陆十分危险，他的情报人员努力地寻找可以提供情报的人，否则恺撒终究无从下手。但他是尤利乌斯·恺撒，他生来不凡，神明也在他身旁为他赐福。

恺撒为他的军团定下方针：切断他在高卢的手下败将从不列颠岛上获得一切援助的可能。但本质上，此举的真正原因十分简单：他的贪婪。恺撒不仅渴望掠夺，更渴望冒险、知识、名声和权力。

8月23日上午，1.2万名士兵乘坐98艘军舰，驶向海平面上的那个小点。当他和他的军队离得越来越近时，这个小点变得越来越亮，从海上升起，直到这群来自地中海的人发现了一道无法逾越的屏障——100米高的巨大白色悬崖。

恺撒命令舰队在多佛海峡抛锚，等待与他战无不胜的骑兵会合。他的部队在甲板上懒洋洋地漫步了数个小时，直到有人喊道："陆上有动静！"士兵们站在那里，目瞪口呆地看着数千名涂着蓝色颜料的战士盘踞在他们头顶的峭壁上，锋利的矛尖在刺眼的阳光下寒光闪闪。

恺撒的掌权之路

前 100 年

恺撒出生在罗马的贫民窟中。尽管出身高贵，但他的家族早已失去了财富和权力。

前 78 年

恺撒服了 6 年兵役，表现良好，在追捕了绑架过他的海盗后，一举成名。

前 65 年

恺撒被选为最高祭司——一种由罗马公民投票产生的高级政治职位。他借了很多钱去买选票。

前 60 年

恺撒与罗马首富克拉苏和最强大的军事领袖庞培签订了一项协议，以此确保他能够当选执政官。

前 58 年

在担任了两年的罗马最高公职之后，恺撒入侵高卢，想借此变得像克拉苏一样富有，像庞培一样强大。

第一次入侵

恺撒发现，
入侵不列颠不仅意味着要与岛上的居民抗争，
还要与岛上的天气做斗争

公元前 55 年 8 月 26 日，恺撒下令罗马军队登陆不列颠领土。在多佛附近等待骑兵部队几个小时后，他决定抛下他们独自率领现有军队上岸。他命令舰队向东北方向前进，在 6 英里外找到一个合适的海滩停靠并抛锚。然而他不知道的是，不列颠人从罗马军队登陆的那一刻起就一直监视着恺撒，跟着他来到了海岸线。

恺撒现在可以近距离观察他的新敌人了。尽管这些古不列颠人经常被错误地描述为凯尔特人，但他们与高卢人这样的印欧部落并没有血缘关系。他们是一个原住民民族，从生物遗传学的角度来说与西班牙北部的巴斯克人有关联，战士们比罗马人高出一头，穿得很少，用蓝色战漆涂抹自己的身体，这种战漆可能是用植物菘蓝制成的，但更可能是氧化铜。他们有的骑马，有的乘灵巧的战车，其余的步行。不过，这些人都是来打仗的。

当罗马人试图下船时，部落居民很好地利用了迪尔海滩上的石头。弹弓是他们的主要狩猎武器，当恺撒的军团在战壕边上挣扎时，石弹如雨点般落在他们身上。

恺撒下令炮击。弓箭手逼退了守城的投手，通往岸边的路畅通了，但罗马军队被陆地上的敌人吓坏了，始终畏惧不前。在这紧要关头，一名旗手跳入水中大喊："冲啊，不要让敌人从我们的手中夺走鹰旗。"对一名罗马士兵来说，团旗代表着军人的骄傲，损失团旗则是一种极大的耻辱。所以，军团跟着他冲锋前进。他们一上岸就用棍棒、长矛和刀剑展开战斗。很快罗马人就控制了滩头，但依然无法排成军团阵列，所有人都处于混战中。

建立滩头阵地后，恺撒开始建造营地。因为他的骑兵部队依旧没有抵达，所以他的行动十分受限。他的500名骑兵本应在当天早晨起航，却被潮水围困。他们要花费4天的时间穿过大洋，狂风突至，他们被迫返回高卢，恶劣的天气还摧毁了许多停靠在岸边的船只。恺撒被困住了。由于没有支援人员修理船只，罗马人冒险到内陆去觅食。这是一项十分致命的行动。这些人不断遭到敌人的伏击，最终全军覆没。

接下来的3周一直下着大雨，在这些来自地中海的入侵者拼命修补船只时，他们的意志也逐渐被摧毁。天气转晴时，他们的援军到了。恺撒写道："一场战斗接踵而至，敌人无法长期抵抗我们的进攻，转身逃走了。"当时的不列颠人不是一个识字的民族，我们早已无法考究他们对事件的看法。我们无法断定恺撒的叙述是否真实，只知道第二天早上他率领军队回到了高卢。

古不列颠人

恺撒遇到的野蛮、半裸的人看起来像是野人，但他们的武士社会体系却异常复杂

"凯尔特人"一词最早用于描述18世纪前罗马时代的不列颠人，此后在流行文化中一直被错用。铁器时代的不列颠群岛居民根本不是凯尔特人，而是原住民。凯尔特人是所谓的蛮族部落，统治着欧洲大陆的大部分地区。尽管罗马大陆上流传着关于他们的恐怖故事，但他们并不是未开化的野蛮人。

古不列颠拥有一片富饶的土地，那里矿产资源丰富，采矿业和农业遍布乡村。巨大的高地堡垒矗立在这片土地上，俯瞰着犁得整整齐齐的田地。在梯田栅栏后面，一座座由街道、礼拜场所、锻造厂和作坊组成的城镇雏形如雨后春笋般涌现。在作坊中可以制作精美的金属制品，不仅包括剑和矛，还包括复杂的装饰珠宝、猎号和镜子。

从现代意义上讲，古不列颠并不算是一个国家。岛上居住着大约27个种族不同且经常交战的部落群体，从苏格兰高地的迦勒底人到恺撒遇到的肯特的坎蒂亚奇人，每个部落都由一位英勇的国王或王后所领导。

△ 这件青铜饰品是公元前1世纪在米德尔塞克斯打造的，描绘的是一头野猪——一种大多数古不列颠人都会食用的动物

罗马军舰

恺撒远征英国的船只只能适应平静的地中海，并不能征服汹涌的海峡

资料图：双层桨座战船

这类船之所以如此命名，是因为它们的两侧各有两层船桨。船员多达 130 人，包括桨手、水手和海军陆战队员。

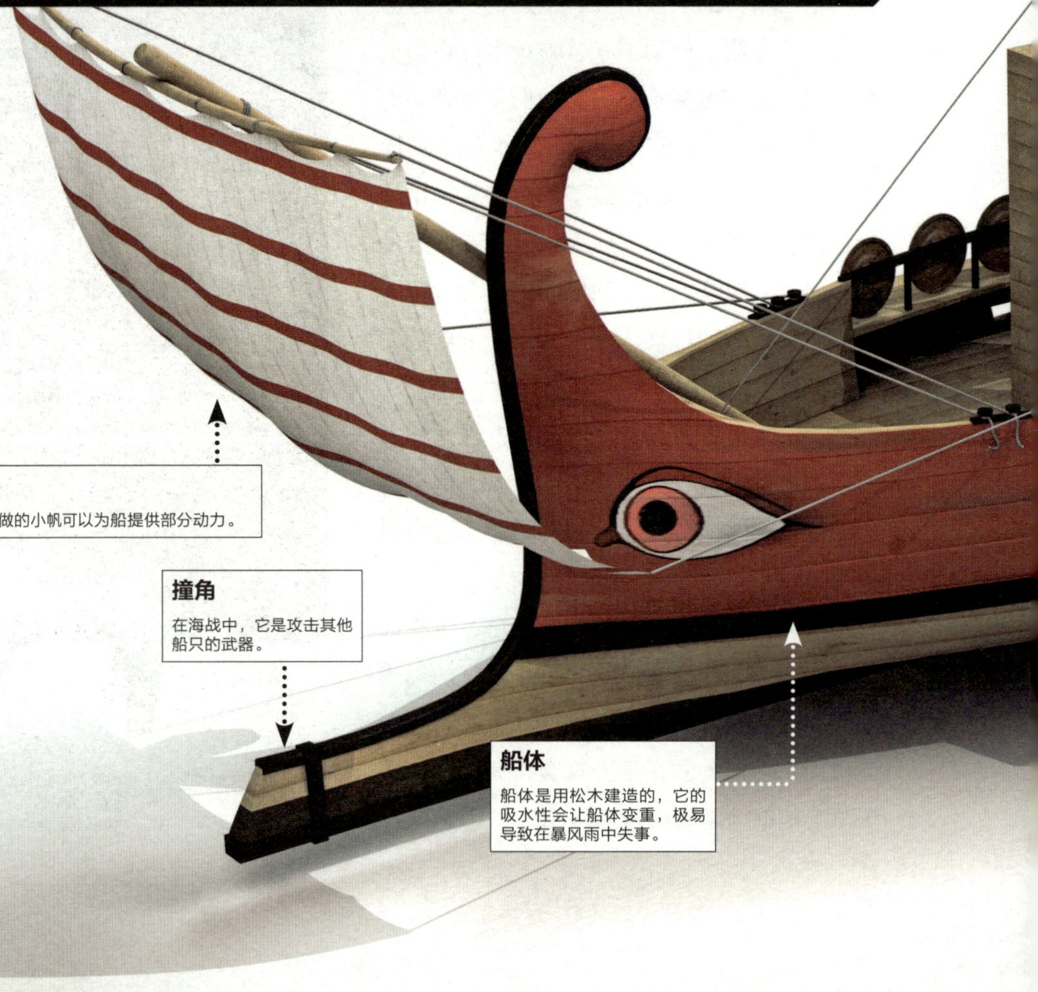

前桅

用亚麻做的小帆可以为船提供部分动力。

撞角

在海战中，它是攻击其他船只的武器。

船体

船体是用松木建造的，它的吸水性会让船体变重，极易导致在暴风雨中失事。

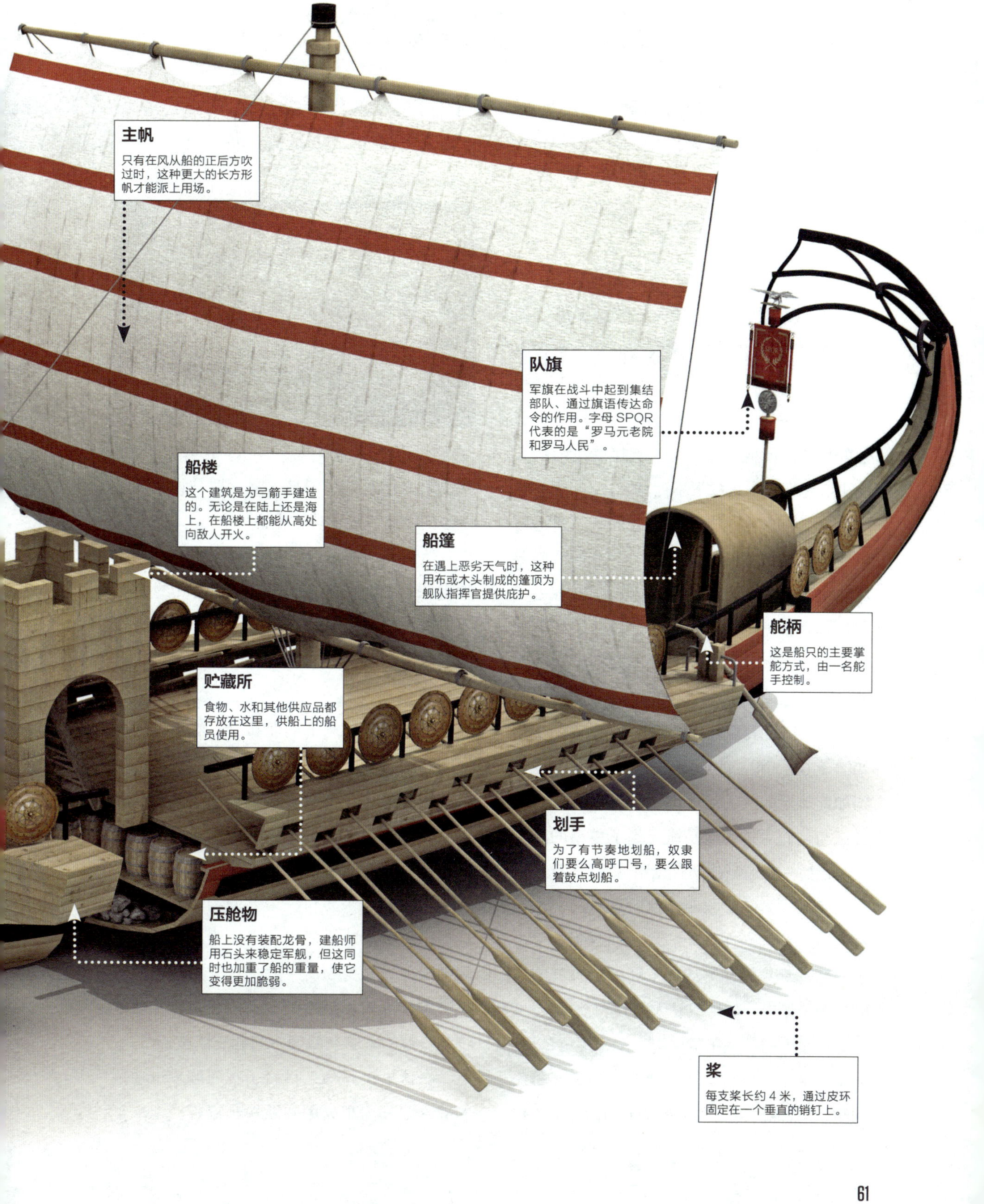
主帆
只有在风从船的正后方吹过时，这种更大的长方形帆才能派上用场。
队旗
军旗在战斗中起到集结部队、通过旗语传达命令的作用。字母 SPQR 代表的是“罗马元老院和罗马人民”。
船楼
这个建筑是为弓箭手建造的。无论是在陆上还是海上，在船楼上都能从高处向敌人开火。
船篷
在遇上恶劣天气时，这种用布或木头制成的篷顶为舰队指挥官提供庇护。
舵柄
这是船只的主要掌舵方式，由一名舵手控制。
贮藏所
食物、水和其他供应品都存放在这里，供船上的船员使用。
划手
为了有节奏地划船，奴隶们要么高呼口号，要么跟着鼓点划船。
压舱物
船上没有装配龙骨，建船师用石头来稳定军舰，但这同时也加重了船的重量，使它变得更加脆弱。
桨
每支桨长约 4 米，通过皮环固定在一个垂直的销钉上。

第二次入侵

恺撒为第一次不列颠之行付出了高昂的代价，但他明白，无论是为了罗马还是为了他自己，他都需要征服这片土地

前 55—前 54 年的冬天，恺撒反思了他的不列颠之旅。当然，这次远征并没有损害他的名誉和地位。事实上，在罗马，元老院破天荒地举行了长达 20 天的谢神祭来表彰他的功绩。但他不是一个愿意接受失败的人。他决心卷土重来，拿下不列颠。

他下令建立一支新的入侵部队，建造与以往战舰规格不同的新战舰。“新的战舰要比地中海地区惯常使用的战舰吃水浅一些，”他在军事日记中解释道，“这样战舰才能顺利地停靠。”他还组建了一支规模更大的军队。公元前 54 年 7 月 7 日，他在迪尔附近登陆，他的 800 艘舰队共出动了 2.5 万多名军团士兵、2000 名骑兵和一列巨大的辎重补给队。在看到如此雄厚的兵力后，岸上的不列颠人没有尝试与他们对抗，而是撤退到了更高的地方。

恺撒一路追赶他们直至距海岸 12 英里的斯陶尔河。第二天黎明，他的军队第一次与敌人展开接触。在今天的坎特伯雷附近发生了短暂的小规模冲突后，不列颠人逃到附近的一座山堡中，随后罗马人向其发动进攻。

堡垒周围有一条防御沟，军团用“龟甲”队形攻克了这条沟。通过建造一道相互挤压的防护墙，他们可以在相对安全的情况下工作，

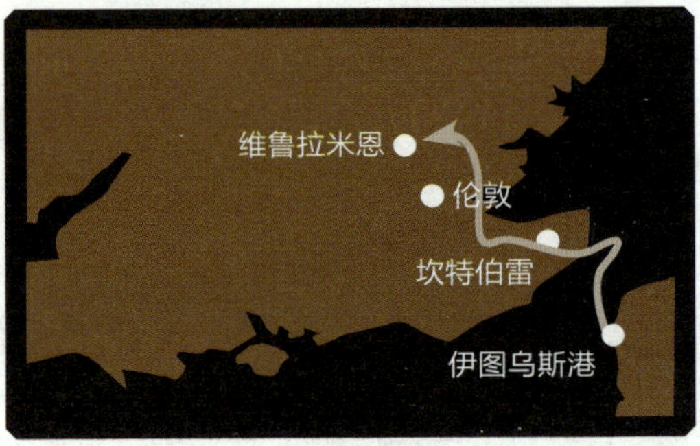

在沟渠上建造一个斜坡。最后罗马人攻破了堡垒的城墙，成功攻占据点。

然而，恺撒还没来得及利用这一进展乘胜追击，就又一次受到了英国天气的诅咒。一场反常的夏季风暴在海峡中轰隆作响，当他的主力部队返回时，大部分船只受损，有 40 艘彻底损毁。

恺撒下令把剩下的船靠岸。然后在他们周围建造一座巨大的堡垒，以便他们能在安全的情况下休养生息。这是一项艰巨的任务，但恺撒的士兵只用了 10 天就完成了。在这期间，不列颠部落做了一件他们从未做过的事情——联合起来对付一个共同的敌人。他们选择了统治泰晤士河以北卡图维勒尼部落的领袖卡西夫拉努斯。卡西夫拉努斯曾击败特里诺万特部落，是不列颠人中最骁勇善战的统帅。他的军队在斯陶尔河迎战恺撒。

在这里，罗马人目睹了不列颠战士独特的战术之一。车夫用两匹快马拉着轻型战车，

快速将一名士兵送上战场。他从战车后面向罗马军队扔出标枪，然后下马用剑或矛近距离作战。如果他累了，或者不知下一步的指令，便可以回到战车上，然后被迅速带到安全的地方。这与现代军队使用装甲运兵车的方式大同小异，进一步向罗马人证明了这些不列颠人不仅仅是“野蛮人”。

这场战斗是艰苦的，但卡西夫拉努斯不是罗马最伟大的战术家或世界上最好的战争机器的对手。他的部队最终不堪重负，被迫撤退。当他被追击时，他转而采取游击战术，摧毁罗马军队的食物来源，设置陷阱。然而，他的抵抗军队发生了内讧。随着死亡人数增多，一个又一个部落投靠罗马，当恺撒越过泰晤士河时，他知道了卡西夫拉努斯秘密据点的位置。

当恺撒准备围攻卡西夫拉努斯在维鲁拉米恩的要塞时，这位不列颠军阀做了最后一次赌博。他下令袭击迪尔附近海滩上的罗马人营地。这是一个灵光一现但注定失败的决策。当卡西夫拉努斯接到失败的信息后，这个精明的战士别无选择，只能投降。看来，不列颠帝国已是恺撒的囊中之物了，然而，众神却向他开了个玩笑。

▷ 人们普遍认为维京人戴着角盔，但这只是一个传说。事实上，一些公元前 1 世纪的古不列颠人才是这个形象

▽ 罗马人在战场上采用了“龟甲”阵形，显示了他们作战战术的独创性和巧妙性

恺撒的笔记本

《高卢战记》是恺撒在创造历史的时候写的。在书中，他记录了自己对不列颠的印象。

地理

这座岛是三角形的，其中一边与高卢相对，有500英里长。另一边朝向西班牙和西方，有700英里长。第三面朝北，有800英里长。岛的周长约为2000英里。

人

所有的不列颠人都把自己染成蓝色，在战斗中令敌人心生畏惧。他们留着长长的头发，除了头和上唇，他们将身体每个部位的毛发都剃光了。

战士

他们与战车相配合的作战方式是这样的：他们从四面八方驱车而来，挥舞武器击溃敌人的队伍，然后从战车上跳下来步行作战。与此同时，驾驶者退出战斗。如果车上的士兵被制服，他们就可以随时撤退。

技术

他们拥有船，船的龙骨是用轻木做的，其余的船体用柳条制成，上面覆盖着遮蔽物。

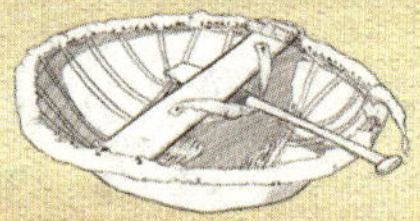

资源

这里有很多牛。他们用一定重量的铜环或铁环作为货币。米德兰地区生产锡，地中海产铁，但锡的数量很少，他们也使用进口黄铜。

宗教

人们认为德鲁伊教起源于不列颠，并在那里被引入高卢。现在那些希望精准了解它的人，为了学习通常会尝试将其复原。

余波

恺撒的两次侵略几乎一无所获，但他留下的制度为罗马的振兴铺平了道路

当恺撒还在和不列颠的敌军领袖卡西夫拉努斯纠缠的时候，亲信传来了高卢海峡对岸有麻烦的消息。随着这位伟大的征服者因为征服不列颠而离开高卢，高卢人抓住机会起来反抗他们的罗马霸主。

恺撒不能再耗在这里了。他或许可以击败不列颠的南方部落，但这并不能保证更远的西部或北部地区会接受罗马为他们的新统治者。他并不想陷入代价高昂的游击战中。现在已经是9月初，嗅着富有秋天气息的空气，恺撒开始计划趁天气良好时返回欧洲大陆。

他与卡西夫拉努斯达成的和平协议是在仓促间起草的，条例十分慷慨。曼杜布拉库斯是最早投靠恺撒的不列颠部落领袖之一，他的父亲曾是卡西夫拉努斯击败的特里诺万特部落的国王，卡西夫拉努斯在此过程中夺取了特里诺万特的土地。现在，曼杜布拉库斯被任命为特里诺万特人的首领，他的土地被归还，卡西夫拉努斯被下达了相当于古代时期的限制令。恺撒还要求战败的不列颠人交出人质作为奴隶，并要求南部部落每年固定向罗马缴纳贡品。最后，恺撒回到船上，

△ 恺撒被罗马元老所杀，行凶者中有他的老盟友布鲁图斯。恺撒被捅了至少23刀

△ 万神殿建于2000多年前，现在仍然矗立在罗马市中心。那里曾经有一座恺撒的雕像，人们将他当作神来纪念

△ 恺撒的半身像是他有生之年唯一保存下来的肖像。这是我们最直观感受他样貌的方式

从此便再也没有踏足不列颠。

不过，他留下的遗产将永垂不朽。他在英格兰南部和东部留下了一系列的国王盟友。这些“弦上之王”包括卡西夫拉努斯和曼杜布拉库斯，以及他们统治的地盘，从诺福克、埃塞克斯和肯特到苏塞克斯、汉普郡和伯克希尔，都被认为与罗马“结盟”。

然而事实上，这些不列颠部落承诺的贡品可能从来都没有兑现过，尽管罗马宣传家声称它们是罗马帝国的一部分，但事实并非如此。回到罗马之后，人们很快意识到不列颠不会上缴他们梦寐以求的好处：除了奴隶，他们没有得到白银，也没有得到任何战利品。然而，这些探险活动给恺撒带来了极大的公众关注，他变得备受欢迎，全国各地的市民都在讲述战车和野蛮人用菘蓝把自己身体涂蓝的故事。对他们而言，这场战争是一次胜利，尽管实际成果并不明显。

恺撒的遗产

尽管距离他谋划提升罗马政治地位的时间已超过2000年，但尤利乌斯·恺撒这个名字从未消失于历史长河中。

恺撒回到高卢后，又发动了长达两年的战争，然后回到罗马，在一场血腥的为期4年的内战之后，同样征服了罗马。然而，他在加冕为帝之前就被一帮元老刺杀了，他们渴望把罗马从他暴虐的统治中解放出来。

但对罗马人民来说，恺撒不是暴君。这场刺杀引发了新的内战。最后，恺撒的养子屋大维加冕为帝，结束了罗马的共和国之旅，迎来了长达400年的帝国王朝。

恺撒活着的时候，他从来没有当过罗马人的皇帝，但在他死后，人民把他当作神来纪念，并在万神殿（罗马的神殿）里为他建造了一座雕像。然而，历史却仅仅把他看作有史以来最伟大的人之一。

侵略

THE INVASION

跨越英吉利海峡是一回事，
但征服不列颠人却是另一回事——
看看罗马人是如何做到的

一个时代的开始

THT START OF AN ERA

公元43年，由于克劳狄皇帝急于立威并名正言顺地称帝，罗马人入侵不列颠，开始了长达几个世纪的占领之旅

在恺撒时代之前，罗马人认为不列颠只不过是一个微不足道的蛮族岛屿，被时代遗弃在世界的边缘。这个国家的大部分地区都是未被开垦的荒地，只有少数几个地方通过几代人的巨大努力才结出了硕果。人们认为小国王们统治着支离破碎的王国，他们岌岌可危地生活着。多佛海峡南部涌入了大量的贝尔盖高卢人，他们先是掠夺，然后定居。现在他们统治着东南海岸，拥有岛上最先进的文明。

到了公元前54年，尽管恺撒两次入侵不列颠，了解了诸多有关这片土地及其人民的状况，但他回去后却没什么收获。即使强大如恺撒也无法征服该岛，在相当长的一段时间内，没有任何君主起过觊觎之心。奥古斯都曾3次试图入侵不列颠，但都因为有更紧迫的事情要做而搁置，尽管卡利古拉在英吉利海峡沿岸驻扎了军队，但他无能软弱，让这次派兵变得毫无意义。众所周知，这位皇帝命令部队驻扎在英吉利海峡对面并收集贝壳。

而说到克劳狄，这个意外登基的皇帝曾是罗马宫廷的笑柄。公元41年，当他的侄子卡利古拉被谋杀后，执政官将他推上了权力的舞台。虽然他自动成为皇帝，但他试图让自己变

◁ 卡利古拉宣布了一个入侵不列颠的大胆计划，他将军队带到布伦海岸，然后命令他们收集贝壳

△ 罗马人在肯特的里奇伯勒登陆并建造了一座堡垒，这是一个不受外界影响的天然港湾

得更加名正言顺一些。不过，首先他必须战胜那些诋毁者，他们长期以来一直嘲笑他跛脚、有语言障碍和缺乏军功。面对迄今为止尚未被征服的不列颠，克劳狄看到了一个证明自己是真正罗马人、一个配得上帝位的战神王子的机会。

由于之前恺撒的记载，罗马人已经知道了该岛有丰富的锡、铁、食物和潜在的奴隶。这个时机再好不过了。在安全渡过莱茵河、多瑙河，穿过伊比利亚半岛之后，克劳狄有了4个新的军团。与此同时，反罗马情绪席卷了整个不列颠，亲近罗马的领导人被推翻流放。克劳狄认为是展现他威力的时候了，于是他集结了一支4万人的入侵部队，与恺撒的部队一样，在夜间从布伦出发前往东肯特。

再次入侵不列颠岛的计划出师不利。接到命令后，由元老院成员奥鲁斯·普劳提乌斯率领的军队就地造反，拒绝离开高卢，拒绝在“已知世界的界限之外”冒生命危险。这令克劳狄感到愤怒和担忧，于是他派出首

△ 罗马人在罗马和高卢建造了一对拱门，以纪念克劳狄的伟大出征

△ 科尔切斯特城堡是在克劳狄神庙的基础上建造的，该神庙位于罗马人在不列颠建立的第一个首都的中心位置

席大臣纳齐苏斯代表他去平息这场兵变。然而，士兵们只是对其投以嘲讽的目光。幸运的是，这种情绪并没有持续蔓延，士兵们最终完全振作起来，同意起程前往不列颠。为了最大限度地调动士兵的积极性，普劳提乌斯将他的舰队分为 3 支特遣队。这样做还有一个好处，那就是让不列颠人无法搞清楚他们的登陆点。他们最终驻扎在里奇伯勒，这是萨尼特岛后面的一个月牙形天然港口，可以有效地遮风挡雨。

然而，他们不需要如此谨慎，鉴于几年前卡利古拉可笑的“入侵”和最近的兵变，不列颠人没有重视这次威胁，没有做好充分的对敌准备。当时，该岛由一些小王国、联盟和部落割裂而治，表面上风平浪静，和谐相处，暗地里早已波涛汹涌。当艾帕提克斯国王统治汉普郡的西尔切斯特时，西边是以多塞特为中心的比利时部落杜罗特里吉人。在其他地方，贝尔盖雷格纳斯人统治着苏塞克斯，而爱西尼人则占领东安格利亚。在更远的地方，有许多部落，如多布尼人、科利埃尔塔维人、布里甘特人和杜姆诺尼亚人，他们都享有不同程度的独立性。

毋庸置疑，最强大的王国是位于东南部的卡姆罗多姆。然而，尽管它牢牢控制着如今的埃塞克斯，但强大的库诺比莱纳斯国王最近去世了，他那两个反罗马的儿子多哥杜姆努斯和卡拉塔库斯分割了他的王国，王国极不稳定，他们忙着密谋攻击对方，根本顾不上罗马人。

△ 克劳狄入侵不列颠一举使他军功傍身，让他的反对者望而却步，同时还达到了充实财库的目的

入侵让卡姆罗多姆措手不及，他们没有在正面战场上冒险，而是选择了游击战和小规模战斗。然而，他们并没有联合起来，把握住这阻止罗马人前进的唯一机会，而是选择了各自单独行动。正如克劳狄希望为自己赢得名声一样，两兄弟都认为入侵部队的到来是他们确定自己地位的大好机会，但这一切只会将他们推入更深的地狱。

虽然这两人都暂时避开了罗马人，但两人中更聪明的卡拉塔库斯率先到达肯特，得到了选择战场和防御位置的机会。他做了充分的准备，但罗马人还是很快就击溃了他的手下。在追击过程中，普劳提乌斯遇到了多哥杜姆努斯的军队并将其彻底歼灭。普劳提乌斯没有像恺撒以前那样扣留人质，而是在他征服的所有领土上留下堡垒和小部分人马，然后继续前进——这是提比略在北方作战时的一个特点。

不列颠人很快就明白，要挡住罗马人，唯一的希望就是团结起来。现在，他们面对的不是那些与边界纷争有关的小事，而是有可能将他们全部吞噬的庞大力量。肯特西北部和泰晤士河以外的军队驻扎在梅德韦河沿岸的森林山丘中。他们收编多哥杜姆努斯和卡拉塔库斯战后的幸存者来加强军队。为了限制罗马人，他们摧毁了罗切斯特的桥梁。

普劳提乌斯的老牌德意志骑兵在莱茵河上毫不畏惧。他们习惯于渡过湍急的水域，所以通过无人防备的河流时没有任何困难。他们绕过不列颠人的战车，向他们的马匹投掷标枪和飞弹，这让它们寸步难行。同时，未来的皇帝韦斯巴芗率领第二军团逆流而上，越过一个岔道后，从右侧发动进攻。尽管罗马人尽了最大努力，但还是被击退了。第二天，在熟悉了地形变化并耗时一晚制定战略之后，普劳提乌斯将不列颠人击溃后逼退至达特福德。这是一场决定性的胜利——防御者们分道扬镳，被彻底击败了。

剩下的不列颠人被追赶至泰晤士河，向卡姆罗多姆（今科尔切斯特）继续逃亡，当罗马人在利亚河谷的沼泽地追上他们时，他们不得不转身迎战——罗马人一开始被打得有些措手不及。尽管有一些损失，但从那时开始，普劳提乌斯便已经锁定了胜局。然而，他接到了死命令：在战役的关键时刻他要假装绝望，向克劳狄求助，克劳狄便会在此时猛扑过来，渡过泰晤士河，为自己争得荣耀。现在时机已到，但情况却超出了预期，他被迫夸大了在沼泽地的骑兵损失，乞求克劳狄伸出援手。

当克劳狄到达时，他迅速且声势浩大地完成了任务。跟随他的是一支由禁卫军、重炮和几十头大象组成的随行队伍。这是一支不列颠人从未见过的军队，如果之前他们还没有察觉，那么现在，这支罗马军队就这样展现在他们眼前，缓慢而沉重地穿过他们的家园，让他们清楚地感觉到自己与罗马之间的力量差距。克劳狄直接向卡姆罗多姆进军，占领了这座城镇，并向其他人描述了他对该岛的和平占领计划。随着多哥杜姆努斯死亡、卡拉塔库斯流亡，这个小王国变成了罗马的一个行省，并设立卡姆罗多姆为首都，任命普劳提乌斯为总督。由于卡姆罗多姆不过是一个蛮族城镇，罗马人决定在东南面的山顶上建造城市，那是先知的住所和罗马政府所在地。城市的中心将拥有一座把克劳狄当作神来供奉的恢宏神庙。

△ 在罗马人入侵之前，不列颠最强大的王国是以埃塞克斯郡科尔切斯特为中心的卡姆罗多姆王国

△ 卡拉塔库斯两个继承人中比较聪明的库诺比莱纳斯在最初的入侵中幸存下来，然后躲到了威尔士

同时，在现代赫特福德郡的一个名叫维鲁拉米恩的山谷里，有一座贝尔盖布立吞人建造的自治城市。统治着奇切斯特的西苏塞克斯地区国王科吉杜布努斯看到罗马人入侵之后，迅速决定向克劳狄进贡，而克劳狄也给了他更多土地。此外，科吉杜布努斯还被授予了罗马公民身份，并被提名为 Rex Legatus Augusti in Britannia——不列颠国王兼奥古斯都的副王。他还领导修建了一座供奉尼普顿和密涅瓦的神庙，致力于促进王室繁荣。其他地方的国王也看到了罗马人势不可当，为了尽量减少损失，爱西尼人的国王普拉苏塔古斯臣服于罗马，布里甘特人也是如此。

在岛上站稳脚跟后，克劳狄返回罗马，在那里受到了热烈的欢迎并被誉为不列塔尼库斯（Britannicus，意为“征服不列颠的人”）。罗马和高卢都建起了拱门，从此每年都有一个节日来庆祝这次成功的侵略。虽然古罗马历史学家卡西乌斯·狄奥声称皇帝在泰晤士河取得了胜利，但苏埃托尼维斯说他从未在不列颠打过一场仗。不管怎样，在两个多星期内，克劳狄不费一兵一卒就让 11 个国王臣服。甚至在卡莱多尼安岛的另一边，不列颠以外的奥克尼群岛的国王也宣誓效忠于罗马。在占领了不列颠东南部后，普劳提乌斯和他的继任者普布利乌斯·奥斯托留斯·斯卡普拉留下来征服该岛的其他地方。然而，首先他们必须征服卡拉塔库斯，但他在桀骜不驯的战士布迪卡王后起义之前就在威尔士的山区开始集结抵抗力量了。

◁ 卡利古拉遇刺后，禁卫军发现克劳狄躲在皇宫里，于是推举他为皇帝，这一史无前例的举动让他始终没有安全感

获胜的帝王

克劳狄是提比略皇帝的侄子，也是马克·安东尼与奥古斯都的姐姐小屋大维亚的外孙，出身显赫。然而，皇室内部成员并不认为他可以承担公职。于是，他反其道而行之，投身于历史，写了 20 本关于伊特鲁里亚人的书和 8 本关于迦太基人的书。他的母亲和外祖母害怕丑闻，不允许他加入第二次“三头同盟”。尽管克劳狄自我贬低的态度帮助他在暴虐的提比略和狂热的卡利古拉面前幸存下来，但后者被谋杀后，他被推上了皇位。

为了获得更多支持，避免被谋杀的命运，克劳狄给禁卫军拨款 1.5 万塞斯特斯硬币，此外，之后每年都有 100 塞斯特斯的奖金。他召回了许多以前被流放的人，但发现了针对他的各种阴谋后，他的偏执又让他处决了更多人。和卡利古拉一样，他没有军事经验，不过，这个缺点加速了他对不列颠的入侵。他带着众多元老一起见证这一时刻，希望此举可以分散他们的注意力，以防趁他不在的时候策划阴谋。

在帝国内部，他定期举办音乐会，并且常常建造水渠、开凿运河。他后来与尼禄的母亲大阿格里皮娜结婚，并指定她的儿子而非自己的儿子不列塔尼库斯为继承人。公元 55 年，克劳狄去世，有传言称他很可能是被大阿格里皮娜毒死的。

终成正果

经过两次失败的尝试，罗马人终于在公元 43 年成功入侵了不列颠。克劳狄皇帝一直在寻找证明自己价值的方式，获得摇摆不定的元老院的支持以巩固自身地位，因此他将此次征战视为一场声势浩大的胜利，而这也是罗马近 400 年统治的开端。罗马军队一路打到岛上，这之后的许多年，帝国的最北端边界一直是位于如今英格兰北部的哈德良长城。

布迪卡 VS 罗马

BOUDICA VS ROME

在一心复仇的过程中，
爱西尼的女战士屠杀了成千上万的罗马人，
一度让帝国完全放弃了征服不列颠

当爱西尼的布迪卡还在为丈夫普拉苏塔古斯的死感到悲痛时，一群秘密潜入的罗马士兵强行闯入她的家中。罗马士兵抓住了这位凯尔特王后和她的两个女儿，并将她们拖到公众面前。在那里，在她的子民面前，布迪卡像一个奴隶一样被残忍地鞭打，她的两个未出嫁的女儿惨遭强奸。暴行结束后，罗马人继续压迫爱西尼人，没收了贵族的土地。王后愤怒不已，迅速召集她的子民应战。她将不惜一切代价报复罗马帝国。

公元60年，罗马指挥官收到已故国王普拉苏塔古斯的遗嘱后，下达了上述这些行动的命令。为了表示对罗马的忠诚，这位不列颠统治者将王国的一半献给了罗马，将另一半留给了他的女儿——不承想此举却以他从未想象过的方式伤害了他所爱的人。根据罗马法，与附属国国王缔结的条约在他们死后就终止了，因此王国的所有财产都自动变为罗马的财产。通常情况下，为了获得新征服之地人民的忠诚和效忠，这种从本土君主制向罗马统治的过渡是远不会以如此残忍的方式进行的。

然而，罗马人自认受到了极大的侮辱，不仅仅是因为普拉苏塔古斯自以为是地认为他可以擅自把这么大一部分王国留给他的继承人，更重要的是继承人居然是女性。虽然不列颠境内不乏女中豪杰，但在罗马这样的父权制社会中，他们难以想象女性统治者的存在，罗马人也将对此进行回击。

没过多久，数千名受辱的不列颠人就听说了爱西尼人的起义，以及罗马人对布迪卡和她家人犯下的暴行。公元43年，罗马人在克劳狄皇帝统治时期征服了不列颠，在短短不到20年的时间里，因为帝国官员对新臣民的压迫性待遇，全岛范围掀起了多股反抗浪潮。在征服后的几年里，绝大多数起义者都加入了卡图维劳尼国王卡拉塔库斯领导的游击战中。在入侵期间，当罗马军团取得了决定性胜利后，这位国王学会了避开正面战场对抗，转而利用了解当地地形的优势，展开游击战。这

△ 爱西尼金币

“爱西尼人和特里诺万特人愿意孤注一掷”

罗马人

盖乌斯·苏埃托尼维斯·保利努斯

公元58年，当保利努斯成为不列颠的总督时，他已经证明自己是一个非常成熟的将领。公元40年，他成为第一个带领军队越过北非阿特拉斯山脉的罗马人。

格奈乌斯·尤利乌斯·阿古利可拉

在布迪卡起义期间，阿古利可拉只是保利努斯手下的一名军事保民官。然而，他参与冲突是促使他的女婿塔西佗记录这一事件的主要原因之一。

昆图斯·佩蒂努斯·塞里亚努斯

作为第九军团的使节，塞里亚努斯初入史书便是一个年轻而急躁的指挥官形象。然而，即使与布迪卡对阵后遭遇灾难性失败，他还是在公元71年成为不列颠的总督。

△ 这幅 20 世纪早期的插图展示了恺撒指挥罗马人在肯特海岸入侵不列颠的场景

部落

爱西尼人

地点：诺福克

领袖：布迪卡

该部落可能是恺撒于公元前 55 年入侵时记载的塞尼玛尼人（Cenimagni）。除了公元 48 年发生过一次小规模的叛乱外，在布迪卡起义之前，爱西尼一直是罗马忠诚的附属国。

特里诺万特人

地点：埃塞克斯、萨福克和大伦敦部分地区

领袖：不列颠尼亚的罗马总督

叛乱发生时，特里诺万特人已经完全成为不列颠省的一部分。该部落对卡姆罗多姆的殖民行径感到愤怒。

布里甘特人

地点：英格兰北部和中部地区

领袖：卡蒂曼杜瓦

罗马人从与卡蒂曼杜瓦的联盟中获益匪浅，因为她的部落占据的广阔领土可以充当不列颠行省与更北的敌对部落之间的缓冲区。

一战术十分成功。

虽然爱西尼人在被罗马帝国征服后正式成了它的盟友，但是，当总督普布利乌斯·奥斯托留斯·斯卡普拉颁布了一项严厉的法令阻止不列颠人投奔卡拉塔库斯时，该部落也参与了公元 48 年的小规模起义。总督让他的属下强行进入爱西尼人的家中，没收了所有武器。尽管爱西尼的起义军与邻近的卡图维劳尼和利埃尔塔维人战士联合起来，却依然毫无反击之力。斯卡普拉迅速粉碎了起义部队，他冲进起义者战斗的爱西尼山堡，将其全部屠杀。

爱西尼人自然是支持他们的王后的，但其他不列颠人投奔她则是无奈之举，因为再也没有其他大型起义军队了。公元 51 年，斯卡普拉继续推行法令，通过针对起义源头卡拉塔库斯来平息全岛动乱。而一旦这位起义军领袖与罗马军队展开激战，总督就会将其击败。卡拉塔库斯随后逃到布里甘特王后卡蒂曼杜瓦的宫廷寻求庇护。然而，这位王后并没对这位不列颠的统治者施以援手，而是转手将这个老对头出卖给了罗马人。她收获了罗马统治者的信任，却也失去了许多人的尊重。在那些与她分道扬镳的人中，就有她的丈夫维鲁提乌斯。

公元 57 年，卡蒂曼杜瓦与维鲁提乌斯离婚，随后，维鲁提乌斯试图从她手中夺取政权，但被前来援助的罗马军队打败。虽然他是未来伟大的起义军领袖，但维鲁提乌斯直到十多年后才再次出山，在布迪卡起义时，他也只是躲着没有参战。

虽然无法加入卡拉塔库斯或维鲁提乌斯的部队，许多不满的不列颠人仍然想对抗帝国，于是他们加入了布迪卡的队伍，在她的带领下继续向南进入特里诺万特人的领土。与爱西尼人一样，特里诺万特人在过去 10 年中对罗马人深怀憎恨，成为第二个加入起义的主要部落。虽然来自不列颠各地部落的战士都聚集到了这场运动中，但没有一个部落像爱西尼人和特里诺万特人那样贡献出如此多的人力。这两个部落拼命如斯，以至于战士身后跟随着由他们家人驾驶的、装载着他们财

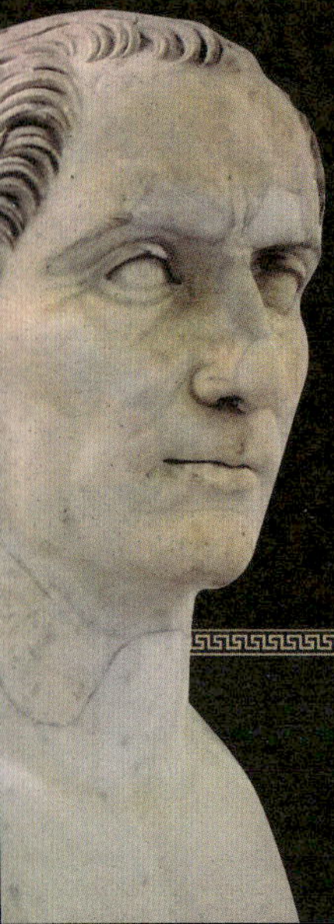

起义之路

前 55—前 54 年
恺撒入侵不列颠是罗马人和不列颠人之间的第一次暴力冲突。罗马虽然取得了一定成功，但并没有长久地真正占领不列颠。

公元 40 年
卡利古拉企图入侵不列颠的尝试失败了。他没有穿越海峡，而是命令士兵收集贝壳，并把它们放在头盔里。

公元 43 年
罗马人征服不列颠。虽然奥鲁斯·普劳提乌斯是首席军事指挥官，但他耐心地等待克劳狄皇帝最终加入他之后，把功劳让给了皇帝，再宣布取得全面胜利。

公元 48 年
总督普布利乌斯·奥斯托留斯·斯卡普拉镇压了爱西尼人一个小分支的起义，这场起义是由于爱西尼人对无端搜查他们的家和没收武器感到愤怒而爆发的。

公元 50 年
罗马在特里诺万特人的前首都卡姆罗多姆建立了殖民地。当地贵族受命监督克劳狄神庙的建设。

产的马车组成的庞大车队。为了人民，爱西尼人和特里诺万特人甘冒一切风险。

包括随行的妇女、儿童和老人在内，不列颠人的队伍可能已经增加到了10万多人，其核心战士更是有数万人之多。布迪卡有信心击溃罗马人派来对付她的任何微弱力量，她带领军队向他们的第一个目标——卡姆罗多姆殖民地进发。不仅因为它是不列颠行省的首府，是起义军进攻的最佳选择，还因为特里诺万特人加入起义主要就是为了摧毁它。因此，当务之急是将该殖民地烧成一片灰烬。

罗马人统治下的生活

身处罗马帝国的统治之下，不列颠人过着艰苦的生活，特别是在被征服后的最初几十年。以前每个部落由一个国王统治，而现在则由一个总督和一个行省总督来管理新的不列颠行省。两名官员对不列颠人实施惨无人道的压迫——不列颠人被无情地征收重税，既是为了支付罗马入侵自己家园的费用，也是为了支付奢侈的建设工程的费用，如扩建卡姆罗多姆殖民地。此外，罗马官员还试图削弱不列颠人的军事力量，强迫他们的年轻战士参加罗马军队的对外战役。一些部落的土地甚至被洗劫一空，被抢走了所有的武器。不过，一些忠诚的附属国国王和贵族受益匪浅，因为他们获得了大量加入地中海贸易的机会。

公元51年
卡拉塔库斯被斯卡普拉总督击败，结束了他9年的游击战生活。他试图向布里甘特人寻求援助，但被卡蒂曼杜瓦王后出卖。

公元54年
克劳狄死后，尼禄继任。随后，反罗马的布里甘特人开始了一段动荡时期，他们希望利用趁帝国首都进行权力更迭的机会做出反击。

公元57年
卡蒂曼杜瓦与她的丈夫维鲁提乌斯离婚，并嫁给了他的护甲兵维洛卡图斯。王后被迫向罗马求援，以击败前夫的军队。

公元60年
总督盖乌斯·苏埃托尼维斯·保利努斯的军队袭击了莫纳岛上的德鲁伊教士，并屠杀了他们。之后，他得知了布迪卡在东部的起义活动。

公元69年
布迪卡的起义者利用了“四帝共治”期间罗马的混乱状态。当维鲁提乌斯进攻时，罗马人成功地拯救了卡蒂曼杜瓦，但无法拯救她的王国。

布迪卡之战

爱西尼女王穿越国境的复仇

卡姆罗多姆曾是特里诺万特人的首都，直到公元50年罗马人将其建立为退伍老兵的殖民地。士兵们也需要可耕作的农场，因此又从部落成员手中夺取了这些土地。作为罗马人最坚定的拥护者，特里诺万特人的贵族们因其忠诚而得到更多的“奖励”，成了奥古斯塔尔（意思为“奥古斯都祭司”）。作为供奉被神化的皇帝的祭司，奥古斯塔尔的职责之一就是在他们以前的首都建造克劳狄神庙。为了凑齐建造神庙和将卡姆罗多姆转变为殖民地所需的费用，特里诺万特人大量向罗马国家和富有的政治家塞内卡贷款。然而不久前，不列颠行省的最高财政官员或称行省总督卡图斯·德西阿努斯，要求立即全额偿还全部贷款，否则将武力夺取资金。在忍受了过度税负后，又收到这样的最后通牒，特里诺万特人决定倒戈。

当卡姆罗多姆的罗马公民意识到布迪卡率领的部落正在逼近时，他们拼命向身在邻近的伦蒂尼恩的行省总督求救。由于总督盖乌斯·苏埃托尼维斯·保利努斯正在行省的最西边领导一场战役，德西阿努斯是附近第二高级别的罗马官员。但这位官员并不是军事指挥官，因此只能派出200多名装备不精的士兵去增援已经驻扎在该镇的小型驻军。不久之后，因为其批准的对爱西尼人和特里诺万特人的暴虐政策引发了起义，他灰溜溜地逃到了高卢。卡姆罗多姆的罗马公民们不知道的是，由昆图斯·佩蒂努斯·塞里亚努斯率领的第九军团已经在驰援的路上了，而布迪卡还未到达。为了拦截起义军，塞里亚

◁ 布迪卡和她的女儿们领导着起义军

1. 号召与响应
当布迪卡召集士兵时，战士们从不列颠各地涌来，加入抵抗罗马帝国的起义之中。女王随后率军南下，与特里诺万特人的大部队会合，继续向卡姆罗多姆推进。
2. 遭到伏击的第九军团
第九军团的指挥官佩蒂努斯·塞里亚努斯得知布迪卡起义的消息后，立即调集部队进发，试图拯救卡姆罗多姆这个不设防的殖民地。然而，他的军队在一次巧妙的伏击中被包围击溃。
3. 三座城市的毁灭
布迪卡和她的军队是在几乎没有遭受抵抗的情况下行动的，他们摧毁了卡姆罗多姆、伦蒂尼恩和维鲁拉米恩，并屠杀了超过 3 万名罗马公民。王后随后沿着惠特灵大道前进，与从西边返回的罗马军队对峙。
4. 惠特灵大道战役
布迪卡的部队在英格兰中部地区，很可能是在曼杜塞杜姆附近与罗马军队对峙。这个战场是由总督盖乌斯·苏埃托尼维斯·保利努斯选择的，他希望在这里能够尽量减少王后在人数上的巨大优势。
罗马军团
不列颠军团

努斯冲向了他们预判的位置。但是，这名罗马指挥官的行动实在太过匆忙，当他和他的手下发现掉入敌人的陷阱时，一切都太晚了。一瞬间，不列颠战士从四面八方出现，随之而来的是一场猛攻。与塞里亚努斯一起作战的2000名士兵中，只有500人和他一起从这场毁灭性的伏击中活下来。布迪卡继续向卡姆罗多姆进发，而被打败的军团则逃到了一个类似小堡垒的安全地带。

由于还没有建造坚固的防御设施来保护日益壮大的殖民地，卡姆罗多姆的公民惊恐地看着布迪卡率军进入这里，布迪卡没有遇到任何反抗，她下令摧毁眼前的一切。数十座建筑被烧毁，数千人在街上被屠杀。布迪卡不打算俘虏任何罗马人，她的战士们也是这样想的，所以他们杀了所有被抓住的罗马人。罗马士兵和其余幸存者在巨大的克劳狄神庙里筑起了壁垒，但这支寡不敌众的部队很快便被完全包围。在天空中弥漫的黑烟和建筑周围腐烂的肉体散发的恶臭中，守军顽强抵御不列颠人。但是，在第二天结束时，围攻者最终突破了剩余的路障，并屠杀了所有留在这个被他们鄙视的神庙里的人。

布迪卡和她的手下在卡姆罗多姆的废墟中掠夺了尽可能多的战利品，然后继续向商业城镇伦蒂尼恩进发。这一次，居民们发现了前进的军队，这让他们有足够的时间收拾财产逃离。然而，罗马人仍心存希望，因为总督保利努斯带着一小队骑兵来到这里调查情况。但很快，恐怖代替了乐观，伦蒂尼恩市民意识到保利努斯的计划是从该城撤退，将其留给不列颠的掠夺者。

为了尽快到达伦蒂尼恩，总督被迫赶在大部队的前面抵达战场。由于寡不敌众，保利努斯决定撤退，与他的部队会合，并在他选择的地方会见布迪卡，在那里，人数优势没有那么明显。

当布迪卡到达伦蒂尼恩时，这里已经是一座空城了，任何留下来的罗马人都被屠戮殆尽，帝国的建筑也被摧毁。一些被抓住的贵族妇女也遭受了难以形容的暴行，这可能是对罗马人曾对布迪卡犯下的罪行的一种报复。不列颠人切下了她们的胸部和脸部后，将这些不幸的罗马贵族妇女钉在钉子上处决。在完成了对伦蒂尼恩的破坏并搜刮到足够的战利品后，这支部落立即继续洗劫另一个较小的城镇维鲁拉米恩，然后沿着现在被称为惠特灵大道的道路前进，与保利努斯领导的罗马军队进入终极对抗。布迪卡的身后留下的是一条毁灭之路，还有多达约7万名罗马人和罗马不列颠人的尸体。

保利努斯向东快速跋涉时被迫留下的军团，成功入侵威尔士海岸的莫纳岛后返回。作为德鲁伊教的主要宗教中心之一，莫纳一直被罗马人视为巨大的威胁，因为长期以来，凯尔特人的祭司们一直是高卢和不列颠群岛

“成千上万的人在街上被屠杀”

罗马人对阵凯尔特人

头盔

罗马军团的士兵们都戴着一种叫作加利亚（Galea）的青铜头盔。尽管不列颠人在布迪卡时代已经发明了头盔，但许多人还是没有得到这种保护。

矛

罗马人和凯尔特人都有长矛和标枪，但罗马人的标枪设计得更为巧妙。标枪的柄部在撞击时会断裂，这意味着它不能被敌人拾走使用，而且它可以深深刺入盾牌，致使敌人被迫丢弃盾牌。

盾牌

罗马盾牌的曲度有助于提供更多的保护，并允许士兵们组成著名的龟甲阵。

盔甲

凯尔特人几乎不穿盔甲，但他们经常在战斗前将菘蓝染料涂在身上。另一方面，罗马士兵则穿上用金属板和护胫组成的厚厚的盔甲。

剑

罗马人的短剑在近距离作战时是致命的，而凯尔特人的长剑在人群拥挤时则几乎毫无用处。

惠特灵大道战役

灾难性的撤退
由于大剑无法与致命的角斗士相抗衡，许多不列颠人被杀，幸存者被逼退到身后的马车上。当起义军最终溃败时，逃亡的部队挣扎着逃回自己的营垒。
战车突击与地形，哪个更占优势？
不列颠人的战车排列在战士队伍的前面，率先发起进攻。虽然战车投掷的炮弹是致命的，但罗马人还是顶住了猛烈的炮火，直到不列颠的步兵开始前进。
数量优势
罗马人驻扎在一个小斜坡的顶部，而大量的不列颠战士则位于下面的田野中。由于有茂密的森林保护他们的后方和侧翼，罗马人只需等待不列颠人的正面进攻。

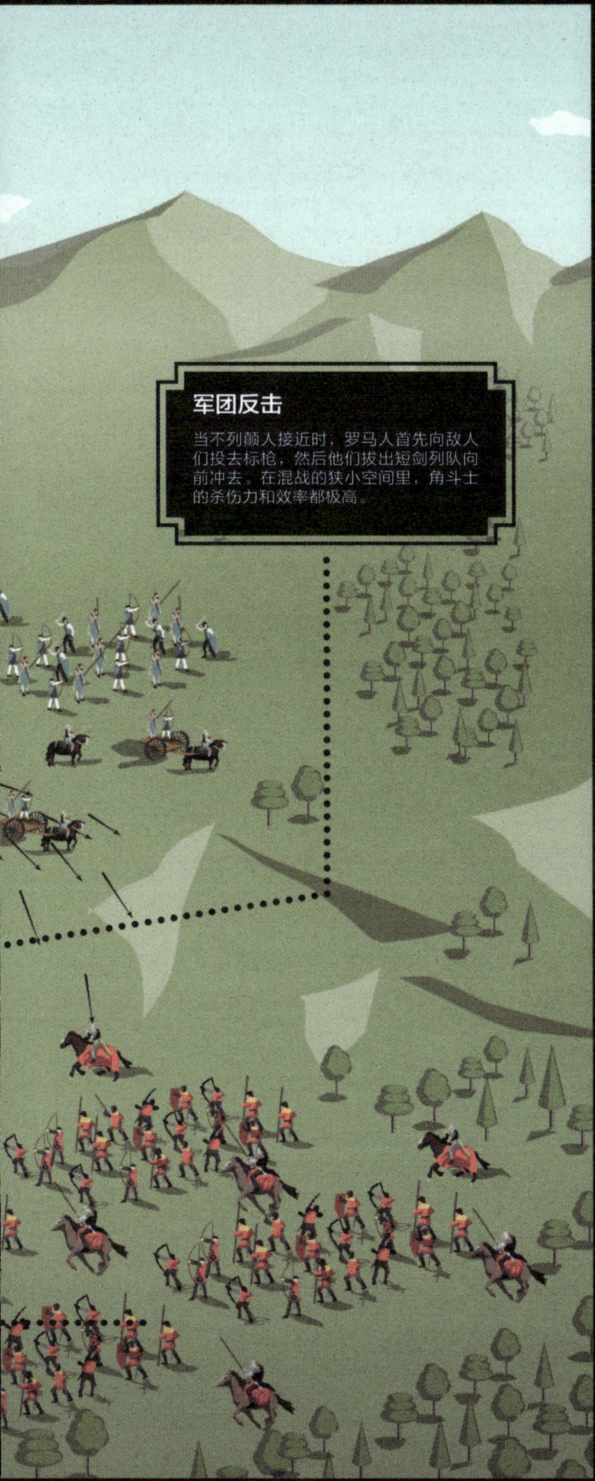

“留下的所有罗马人都被杀，帝国建筑被摧毁”

上几乎所有反对帝国统治起义的支持者。公元58年，当保利努斯成为不列颠总督时，他把粉碎莫纳岛上的一切抵抗活动作为首要任务，并屠杀了在那里发现的所有奋起反抗的祭司。在征讨德鲁伊教士取得重大胜利后，军团成员对铲除布迪卡这个不列颠起义军领袖有了更多的信心。

在维鲁拉米恩遭受打击之后，布迪卡继续沿着惠特灵大道前进，此时保利努斯正在召集军队。由于只有第二十军团、第十四军团的一些部队和辅助部队，以及第九军团的少量残余士兵，保利努斯的军队最终只有大约1万名士兵。总督可以支配的兵力稍多一些，但第二军团的指挥官没有召集部队与保利努斯会合。而布迪卡率领的部落可能有23万人之多。但是，保利努斯有两个优势：他的部下训练有素，纪律严明；而且他们都是可以战斗的士兵。

布迪卡最终在英格兰中部地区，大概是曼杜塞杜姆附近迎战罗马人。保利努斯选择了一个理想的地点集结了他的部下准备战斗，他们身后是一片茂密的森林，山坡保护着他们的侧翼。罗马军团组成了军队的中心，两侧是辅助部队，两翼是骑兵特遣队。布迪卡庞大队伍的战士们聚集在罗马军团面前，挥舞着他们的剑，喊着战争的口号，布迪卡带着她的女儿们坐在战车上前进。当她的长发随风飘扬时，这位高大的女战士在喧嚣中提高音量，发表了振奋人心的演讲，提醒她的部队他们正在与残酷和压迫做

△ 爱西尼王后布迪卡的画像

斗争。在战场的另一边，保利努斯也通过非常坦诚的话语增强了手下的信心。他强调他们受过专业训练，要让布迪卡看到专业性是比人数更宝贵的资产。

当两支部队在惠特灵大道战役中短兵相接时，不列颠人的战车给罗马人的防线造成了巨大破坏。然而，每支军队的步兵都不可避免地发生了冲突，罗马人优越的装备和战斗技能在这方面占了上风。当不列颠人从罗马人的致命短剑造成的屠杀中挣脱出来逃跑时，他们却被自己半圆形的车队困住了，插翅难飞。

最后，一路胜利的军团在这里倒下了，包括妇女、儿童和与不列颠人同行的驮兽在内的所有生命都被屠杀殆尽。败局已定，布迪卡喝下毒药，选择以这种方式结束自己的生命，而不是落入罗马人的手中。虽然最终没有成功地将罗马人赶出不列颠，但她还是报了仇，杀死了成千上万的罗马帝国压迫者。事实上，由于损失惨重，尼禄皇帝几乎放弃了这个脆弱的新生省份，因为维持它的成本比利益更多。如果不是保利努斯的勇敢努力和坚持，他早就这样做了。之后，这名总督延续罗马人的野蛮行径，将他的暴行主要施加在了剩余的爱西尼人和特里诺万特人身上，直到他们被完全制服。布迪卡可能已经实现了她所寻求的复仇，但可悲的是，由于她反对帝国的行动，她的人民在她死后将面临更多的压迫。

△ 布迪卡和她的起义军在被罗马人击溃之前杀死了成千上万的敌人

△ 强悍而好斗的塞普蒂米乌斯·塞维鲁率领帝国大军对居住在边境以北的不列颠部落发起了一次大规模的远征

不列颠对罗马的抵御
BRITAIN AGAINST ROME

罗马人对不列颠的长期统治中，
经历了无数次的抵抗、叛乱、篡夺和入侵

罗马人在克劳狄皇帝的领导下对不列颠的最初入侵是成功的，但这并不意味着该岛所有抵抗运动都结束了。不列颠将成为那些因不列颠变成罗马省份而感到不满的居民、那些生活在不列颠行省以外的北方人与罗马人持续作战的场所。也许最著名的，也是最令人痛心的，是爱西尼王后布迪卡在公元60年领导的起义，但除此以外，也存在着其他的反抗。

> 罗马人一开始就意识到统治不列颠的最佳方式是将各部落彼此分开，使他们无法联合起来

西留尔人起义

罗马人入侵后不久，大约公元50年，不列颠北部的布里甘特人发生了一次本土起义。起义很快就失败了，带头人被他们的同伴处决。然而，威尔士的西留尔人部落坚持反抗罗马。他们在起义中得到了卡拉塔库斯的帮助，卡拉塔库斯是卡图维劳尼国王库诺比莱纳斯那个著名的儿子，在罗马人首次入侵时曾与他们交战。卡拉塔库斯选择了一个对不列颠人来说有地形优势的战斗地点，为了增强所选地点的自然优势（这里有一条河流），不列颠人在此建造了防御工事。卡拉塔库斯四处奔波，鼓励他的战士，告诉他们，他们是为赢回自由而战——如果他们失败了，他们将永远成为罗马的奴隶。明确了出师之名后，这些人发誓绝不会放弃他们所拥有的分毫土地。

罗马将军普布利乌斯·奥斯托留斯·斯卡普拉看到这些无畏的西留尔人掩藏在自然和人为的障碍物后面，感到非常震惊。但是，他的部下也同样勇敢，他坚持发动进攻，于是士兵们渡河，将盾牌举在头顶和两侧，摆出龟甲阵，在靠近防御工事后将其全部拆毁。全副武装的军团战胜了没有装甲的不列颠人，赢得了一场大胜。卡拉塔库斯逃离战场，并

（不明智地）向布里甘特人的王后卡蒂曼杜瓦寻求庇护，但她很快将他出卖给了罗马人。被带到罗马后，克劳狄皇帝赦免了卡拉塔库斯，还他自由。

阿古利可拉北上

公元61年，在镇压了爱西尼人的起义之后，不列颠南部被牢牢地控制在罗马人手中，但北部却并非如此。在那里，边境以外的部落袭击了新建立的罗马不列颠省。格奈乌斯·尤利乌斯·阿古利可拉通过他的女婿塔西佗的笔获得了不朽的地位。塔西佗是罗马最伟大的历史学家，《阿古利可拉传》写的就是他。当然，他的事迹配得上这些文字。当阿古利可拉于公元78年到达不列颠担任该省总督时，不列颠发生了严重的动乱，于是他击溃了威尔士的奥陶维斯人，占领了安格尔西的德鲁伊据点。他的下一个目标是击溃约克郡的布里甘特人，然后向索尔韦湾和泰恩河一线推进，之后那里会建起哈德良长城。第二年，阿古利可拉与当地部落作战并建造堡垒，巩固了罗马在现代英格兰西北部的地位。公元80年，他在泰河河畔，而在接下来公元81年的战斗季节，阿古利可拉沿着从福斯湾到克莱德湾的狭窄河道建造堡垒。

与苏格兰的战役一直持续到公元82年，阿古利可拉到达海边，并在海上窥探爱尔兰

▽ 虽然卡拉塔库斯坚定地反对罗马，但卡蒂曼杜瓦王后却并非如此

△ 卡蒂曼杜瓦王后坚定地与罗马侵略者站在一边

的动向。公元 83 年，罗马人与他们的近海舰队一起前进，和凶猛的卡莱多尼安人展开了激烈的战斗。这些无畏的不列颠人袭击了罗马人的堡垒，甚至在被击退之前，已经快要攻到第九西班牙军团的行军营地了。

阿古利可拉在不列颠征战的最后一年，即公元 84 年，率领一支庞大的卡莱多尼安人军队在格劳庇乌山作战。在随后的交锋中，罗马人大获全胜，这完全是辅助部队的功劳，甚至不需要军团参与实际战斗。

塞普蒂米乌斯·塞维鲁的帝国远征

208 年，63 岁的罗马皇帝塞普蒂米乌斯·塞维鲁出发前往不列颠，率领帝国远征，打击该岛北部的蛮族部落。发起这次行动的原因不明——可能是为了镇压布里甘特人的大规模起义，或者是卡莱多尼安人对不列颠省的入侵。塞维鲁认为有必要从欧洲大陆带来一支由军团和辅助部队组成的庞大队伍，以镇压那些制造麻烦的人。

塞维鲁带着他的妻子尤利娅和他的两个儿子卡拉卡拉和盖塔，在埃伯拉肯（约克）建立了他的总部，并在短时间内接受了几个不列颠北部国王的投降。这显然还不足以让塞维鲁放弃他的计划，他在为大规模入侵北方做准备。209 年，在卡拉卡拉的陪同下，塞维鲁率领罗马军队来到该岛的最北部。苏格兰高地的卡莱多尼安人极力避免与强大的军团正面交锋，而是打起了游击战，这让许多罗马人丢了性命。尽管如此，塞维鲁还是取得了成功，并以“不列塔尼库斯”的称号来纪念他在这场战斗中的胜利。

苏格兰低地的美阿泰人（Maeatae）叛乱引发了 210 年的另一场战役。这场叛乱被塞维鲁镇压，但他于 211 年 2 月在约克去世。如果这一时期在珀斯郡的卡普建造的永久堡垒的遗迹能表明塞维鲁的计划的话，那么他很可能打算将整个岛屿都置于罗马的控制之下。如果是这样，那么他的计划就没有完成，不列颠北部将永远处于帝国之外。

脱离罗马的不列颠

3 世纪中叶，罗马帝国麻烦纷扰，其中最重要的就是蛮族反复入侵。由于中央政府没有能力保护整个帝国，一些省份从罗马脱离出来，自己建立防御工事。在西部，高卢和不列颠在 259 年脱离了罗马的控制，组成“高卢帝国”。虽然高卢在 274 年被帝国收复，但不列颠却仍旧脱离了帝国的统治。286 年，卡劳修斯被任命为保卫不列颠和高卢海岸免受法兰克人和撒克逊人袭击的罗马高级官员，重新夺回了对不列颠的控制权。

△ 为纪念 296 年君士坦提乌斯·克洛鲁斯攻占伦敦而铸造的纪念章

288—289 年，罗马海军对卡劳修斯发动攻击却失败了，但 293 年的一场政变成功地将这名篡位者拉下马，他被他的财务主管阿勒克图斯取代。296 年，西罗马帝国的“恺撒”君士坦提乌斯·克洛鲁斯对不列颠发动了又一次海上攻击。罗马海军分为两支中队出航。第一队在君士坦提乌斯的带领下，从英吉利海峡沿岸的布洛涅（布伦）出发，驶向肯特。第二支在他的禁卫军长官阿斯克列庇欧多图斯的带领下，离开塞纳河河口，驶向怀特岛以北的海岸。当阿斯克列庇欧多图斯的舰队靠近阿勒克图斯时，薄雾提供了掩护，他们在没有受到任何拦截的情况下成功登陆。

> 塞普蒂米乌斯·塞维鲁的家族在他死后继续统治罗马 24 年，塞维鲁王朝最终在 235 年亚历山大·塞维鲁死后终结

阿勒克图斯撤退了，但在前往伦敦的路上遇到了阿斯克列庇欧多图斯的军队并被击败，篡位者本人也在这场战斗中丧生。阿勒克图斯的军队残部随后逃往伦敦，但君士坦提乌斯的船只早已出发，沿着泰晤士河航行，比他们更早到达那里。君士坦提乌斯很快就胜利进入伦敦。不列颠又被牢牢地攥在了罗马人手中。

大阴谋

3 世纪，不列颠基本上没有遭受过蛮族

> “卡莱多尼安人避免与强大的罗马军团正面交锋，他们选择的是游击战”

的攻击，但蛮族的攻击却惊动了帝国的其他地区，不过，这种相对和平的时期不会永存。撒克逊人，一个居住在现代德国的日耳曼部落，乘船袭击了不列颠海岸。他们的掠夺行为如此可怕，以至于在 4 世纪，帝国不得不任命一位高级官员，即撒克逊海岸伯爵，来保卫不列颠东部和南部的海岸线。

367 年，不列颠北部的皮克特人、斯科特人（Scoti）、阿塔科蒂人（Attacotti）和撒克逊人组成的庞大联盟从多个方向登陆不列颠，撒克逊海岸伯爵在战斗中被杀。入侵者在他们的“大阴谋”中得到了反叛的不列颠非正规军的帮助，后者向他们提供了关于罗马人的情报。入侵开始后，罗马部队中多了许多逃兵。367 年年末，皇帝瓦伦提尼安一世派遣狄奥多西乌斯伯爵，即后来的皇帝狄奥多西一世的父亲，率领几个军团前往这座被围困的不列颠岛抵御外敌。同年，狄奥多西乌斯占领伦敦，并召回了逃离部队的士兵。368 年，狄奥多西乌斯清除了流窜的蛮族军团，为不列颠带来和平。

皮克特人、斯科特人和撒克逊人的猛烈攻击一直持续到 4 世纪末。到了 5 世纪初，西罗马帝国本身已经非常衰弱，只顾着保卫意大利，以至于不列颠在 410 年提出请求时，无法再继续提供援助。从那时起，不列颠将孤军奋战，与入侵者展开漫长的艰苦斗争。

▷ 格奈乌斯·尤利乌斯·阿古利可拉击败了许多不列颠部落，并一直将战斗推进到该岛的最北部

罗马人的统治

ROMAN RULE

不列颠现在完全处于罗马人的控制之下，
是时候考虑如何保持这种状况了

统治不列颠
RULING BRITANNIA

当不列颠成为罗马帝国的一个省时，它的管理方式与其他帝国前哨基本相同——表明几个世纪以来的部落统治发生了巨变

公元43年，罗马军队登陆不列颠海滩之前，这个国家一直由凯尔特人实行部落统治，其中一些部落曾激烈地抵抗过外来入侵者，但在强大的武力面前很快就承认了失败。那一年之后，罗马帝国几乎不费吹灰之力就施展了自己的权力和影响力。它将不列颠视为一个单一实体，并试图通过一个强大的政府结构来统治这个新的帝国省份。鉴于居民几乎没有系统的管理经验，这不是一件简单的事，但事实证明罗马的统治方式确实非常有效。

起初，罗马人强迫已有的部落代表它们自身行事，但很快罗马就通过提供激励措施让它们加入进来。这其中的关键是克劳狄皇帝的决定，他曾派奥鲁斯·普劳提乌斯率领4个军团入侵不列颠，以确保将其宝贵的矿藏和奴隶收入囊中，并允许最负盛名的部落领袖成为藩属君主。

这创造了一种可信赖的间接统治，授予那些被任命为藩属君主的人以一定的权力，如决定当地事务或宗教事务，而不是要对罗马唯唯诺诺。虽然这种做法并不总是奏效（布迪卡是不列颠凯尔特人部落爱西尼人的藩属

△ 公元77年，高卢罗马将军格奈乌斯·尤利乌斯·阿古利可拉在成为总督之前见证了罗马对不列颠的征服

“行政官员确保了一个曾经在战斗中被部落破坏的国家顺利运转”

△ 公元47年，普布利乌斯·奥斯托留斯·斯卡普拉成为不列颠第二任总督，直至去世，他一直在克劳狄皇帝手下任职

△ 艺术家印象中罗马总督在伦敦的宅邸，建于公元80—100年间，位于泰晤士河河畔

国王后，于公元60年领导了一场反抗罗马人入侵的起义），但在对已建立的地方结构加以利用后，帝国不必耗费人力来维持秩序。事实上，它只需要确保藩属君主效忠于帝国，而且他们之上的统治集团也要绝对忠于罗马。在罗马的物力和财力支持下，部落统治者赢得了威望，他们甚至可能获得辅兵的支持。

因此，这是一个相当精明的举措。利用现有的社会等级制度，意味着可以减少很多阻力，能够使不列颠很容易地围绕早就界定好的前凯尔特领土进行结构划分。许多部落变成了独立的行政中心，被称为“城社”，每个城社都是自治的。除了允许前部落首领在这些领地内拥有这样的权力外，这一举措也让认为自己是罗马公民的人数量急剧增加。

这里会有一位总督监管行政中心，他往往是罗马的高级军官，或称副总督（legatus）。总督最终会在伦敦进行统治，一般在位3年，但也有统治时间更长的情况——阿古利可拉在位7年。总督拥有价值至少100万塞斯特斯的财产，他们的地位非常高，主要负责军事、宗教和民事事务。

然而，尽管总督拥有这样的权力，罗马皇帝仍然是最重要的人物——他总是把不列颠当作一个整体，即使它先被分割成两个省，最终又被分割成4个省。皇帝们认为，保持对不列颠等省份的控制是很重要的，因为它们拥有大量的军队。这样做可以防止总督们变得过于强大。

似乎是为了强调这一点，总督总是由经验丰富的前执政官担任，但他们往往被剪掉了羽翼。为了防止他们与皇帝平起平坐，他们被称为“代大法官级皇帝特使”（legatus Augusti propraetore），权力是“监督”。更重要的是，认识到由一个人监督不列颠所有事务可能会过于繁重——包括法律事务和军事事务，弗拉维王朝（69—96 年间统治罗马帝国的强大王朝）甚至增加了一个负责司法事务的副总督，称为“代行执行官”（legatus Augusti iuridicus）。

两者都得到市民特权阶层成员的帮助——这些人构成了古罗马第二个以丰厚财产为倚仗的阶层。跟那些元老级的人物相比，皇帝往往更信任市民特权阶层成员，但要进入这个阶层，需要至少 40 万塞斯特斯的巨额财产。

△ 122 年哈德良皇帝访问不列颠

这群人中最重要职位是财政检察官即奥古斯都检察长（procurator Augusti），他与帝国的总督一起工作，直接向皇帝报告。他的工作是征收土地税、人头税和在公共道路上运输货物的帝国税。他还负责管理矿场，收取属于帝国地产的土地租金，并向公职人员发放工资。

以土地和人口为基础的税收对于行政和军事的顺利运行非常重要，而这些艰苦的工作是由指挥员完成的，他们或是作为独立的雇员被雇用（在这种情况下，他们会从收取的税收中抽取一部分），或是作为统一的雇员被列入工资单中。每隔 5 年，指挥员们还会进行人口普查，这项任务由罗马监察员监督：他实际上是一个从军队中任命的治安官，还会监督公共道德的遵守情况。

不论在何种情况下，罗马人总是小心翼翼地公平地管理着他们的省份以免发生动乱，尽管他们周围总是围绕着他们的同盟、客户、前奴隶，有时是他们家乡故人之子。总有三四个军团驻扎在不列颠，这个事实证明，和平从未真正到来。军队在指挥官的领导下，对总督负责，监督罗马人创建和发展的正式城镇的治安，但也可以说，这是一个飞速发展的时期。

只要他们所欠的税款能按时上交，并且

少有叛乱，不列颠的统治者基本上都拥有很大的自由发挥空间。根据伦敦大学古典研究所所长格雷格·伍尔夫教授的说法，他们非常自由，因为不列颠离罗马很远。

由于不同的城镇之间有了道路，不列颠省的交通变得更加便利，这也使该省的管理变得更加容易。通过命令专门从事土木工程的队伍来发展城镇，每个城镇都成了基于网格系统的新建筑，这也让城市地区变得更有吸引力。因为从城市地区征税更加容易，所以管理上的复杂程度也有所降低。也就是说，罗马会针对每个城镇的类型采取不同的行政管理方法。

例如，殖民城镇严格遵守罗马法律，它们被誉为应被效仿的榜样（此类城镇包括科尔切斯特、林肯和格洛斯特）。同时，一些自治市镇和城社同时遵守本地法律与罗马法律（维鲁拉米恩是自治市镇的一个典型例子，位于今天赫特福德郡圣奥尔本斯的西南部）。

为了帮助总督们更好地完成任务，会有一名类似于私人秘书的财务官，除此之外他们还有许多书记员和奴隶，负责处理许多不同的事务，如处理请求、协助法庭、清理法律事务和处理信件。许多其他的行政人员也由副总督来管理。如此一来，便确保了这个曾经被灾难性的部落内斗所破坏的国家能够顺利运行。

当然，百夫长也有很多工作要做，比如照看铸币厂或粮食的供应（不列颠粮食高产，这与金属一样是它的吸引力之一，百夫长经常承担护送货物的职责）。伍尔夫说，百夫长的行为也像许多世纪后在英属印度工作的地区官员。

即便如此，事物不是永远一成不变的，也会有许多调整，特别是当不列颠被一分为二时。在这个阶段会有两个总督：一个在北方（被称为“下不列颠”的地区），另一个在南方（被称为“上不列颠”的地区）。北部总督同时也是埃伯拉肯（今约克）第六军团的特使，但这样的安排并没有延续下去。

进一步分裂成 4 个省后，不列颠的管理系统又进行了重组。由于玛克西玛－恺撒里恩西斯省（Maxima Caesariensis）是最重要的省份，因此它由一个元老级的执政官来管理，而其他省份则由骑士级别的总督管理。虽然皇帝保留了总体控制权，但地方政府仍然存在，

◁ 百夫长身兼经营帝国矿场和护送谷物、货物等职责

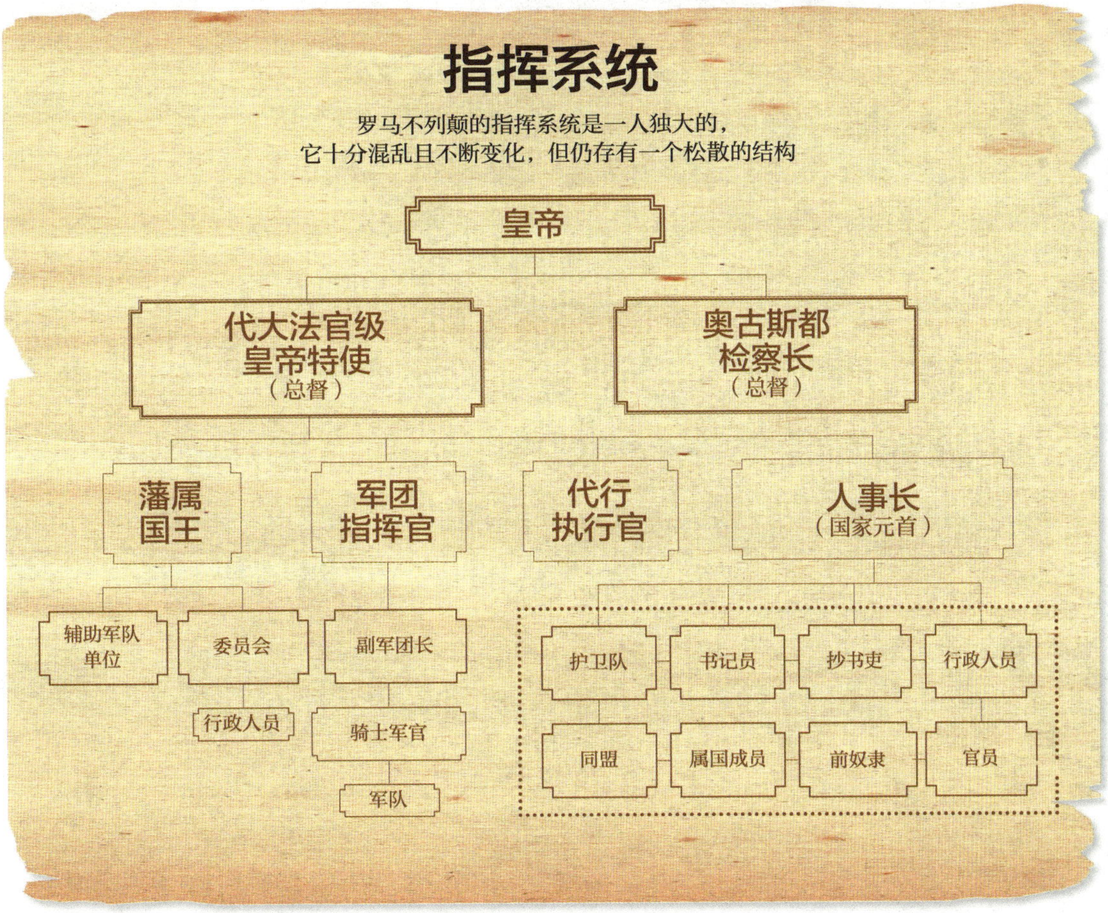

不列颠还有一个代理人，称为副总督。

当时这种管理模式遇到了一些挫折，但事实证明它不仅对罗马统治下的不列颠，而且对罗马统治下的许多省份都非常有效。在部落首领的协助下，将权力下放给不同等级的官员，展示了罗马统治的权威性，也培养了忠诚度。当罗马人离开不列颠时，许多居民都认为自己是罗马人，此举为未来几十年的统治奠定了坚实的基石。

△ 罗马硬币背面描绘的不列颠

菲什本罗曼宫

菲什本罗曼宫被认为是藩属国王科吉杜布努斯的王宫，他曾是罗马人侵前不列颠雷格纳斯部落的领袖。菲什本罗曼宫有一段有趣的历史，它是英国最早的官方建筑之一，在公元 3 世纪被烧毁之前，这座建筑内有许许多多的马赛克——它现在可能是最著名的马赛克“家园”了。今天，游客在这里还可以看到如图中的马赛克，对这座曾经的宫殿的规模惊叹不已，并在复原后的英国第一座私人花园中漫步。

从凯尔特人到公民

FROM CELTS TO CITIZENS

探索罗马是如何以公民权作为工具控制不列颠的

克劳狄派去征服不列颠的四个军团是罗马社会中的精英。这两万名军团成员都是罗马公民，其中许多人出生于意大利，甚至有些出生于罗马，他们的职责是遵循皇帝的意愿去夺取帝国西北边缘的这座岛屿。跟随他们的是同等数量的辅兵，他们是帝国的自由民，不是公民，但为了皇帝许下的他们退役后可成为公民的承诺而战斗。

然而，这并不是一场针对以不列颠为家园的凯尔特人部落的简单打砸抢夺的征服战争，罗马帝国想要采用一种微妙的同化过程，将当地的不列颠人转变为忠诚的罗马人。将部落土地和王国拼凑成不列颠省的主要方法是授予其居民罗马公民身份，让他们与对阵的军团成员身份平等。

公元 43 年，当罗马军队越过英吉利海峡时，公民权包含特权已经是罗马一种古老的传承制度了。它最初只限于罗马生而自由的人，然后扩大到意大利半岛生而自由的人，公民权赋予了他们若干权力：投票、竞选公职、拥有财产和享受法律保护。

△ 1 世纪哈德良皇帝统治时期的一枚硬币，通过在背面显示“不列颠尼亚”字样来纪念不列颠的同化

▷ 由于将公民权扩大到所有生而自由的臣民，卡拉卡拉皇帝在不知不觉中让帝国开始走向衰落

为了将不列颠牢牢地置于帝国的控制之下，罗马在这里建立了城市殖民地，公民——通常是服役期满的退役士兵——被授予土地。在被征服的省份建立一个公民基地，这样在紧急情况下公民就可以被快速召集。这同时也为按照罗马法律和习俗生活的讲拉丁语的人建立了一个定居点。第一个不列颠殖民地卡姆罗多姆（今科尔切斯特）建于公元 49 年，当时那里的军团基地被拆除了。公元 1 世纪，又有两个殖民地相继建成：公元 71 年的林德姆（Lindum，林肯）和 97 年的格莱乌姆（Glevum，格洛斯特）。不过，在不列颠被征服后的最初几年里，殖民地的公民只占人口的很小一部分——公元 100 年可能有 5 万名公民，不到总人口的 3%。其余的绝大多数都是“异邦人”，这是罗马人对有自由之身但不具备公民身份的帝国臣民的称呼。一些人居住在古老的凯尔特人定居点，这些定居点在罗马统治下存续下来。卡莱瓦（Calleva Atrebatum，西尔切斯特）最初是阿特雷巴特人的首都，而诺维马戈斯 - 雷吉诺姆（Noviomagus Reginorum，奇切斯特）是莱德人的家园，其他人则居住在小镇和农村。

周边的居民往往生活在城社的控制之下，这是一个基本自治的地方政府，通常由古老

△ 在维鲁拉米恩这样的繁华城镇担任行政官的不列颠人将被授予公民身份

▽ 公民权可以作为一种特殊的奖励授予忠诚的不列颠人，如建造了令人惊叹的菲什本宫的托吉杜布努斯

的凯尔特人部落精英统治。虽然罗马行省总督可以干涉他们的内部事务，但只要他们向罗马缴纳应缴的税款并维护穿过其土地的道路，就可以保留其习惯法。

异邦人完全融入罗马文化的过程是缓慢的。忠诚的部落统治者被授予公民权，作为对他们保持其领土和精神忠诚于罗马的奖励。公元 43 年，莱德人的国王托吉杜布努斯因不战而降、归顺入侵者克劳狄而被授予公民权——他能够在非什本建造巨大的别墅群，向其他人证明了自己从新霸主那里收获颇丰。像维鲁拉米恩（圣奥尔本斯）这种自治市镇的居民，如果担任地方行政长官，任期结束后也会被授予公民身份。选择加入罗马军队的不列颠人将在辅助部队中服役，最终退役时可以获得公民身份，而与不列颠本土妻子结婚的退役士兵的子女也将继承公民身份。

随着时间的推移，越来越多的游民被擢升为公民：通过继承，或在军队服役、担任公职后退役、退休的方式，或者因为获得某种特殊奖励。212 年，《卡拉卡拉敕令》宣布，剩余的所有自由民从此都将被授予公民身份。然而，卡拉卡拉皇帝无意中播下了帝国衰落的种子，因为他间接抹杀了非公民参军的主要原因之一——退役后获得公民身份的承诺。从那时起，军队努力充实自己的队伍，与境外的蛮族作战。

《卡拉卡拉敕令》对两个群体的地位没有任何影响，他们在敕令颁布前后都被禁止成为正式公民。妇女仍然是劣等性别——尽管她们可以成为公民，但她们被剥夺了男性公民所拥有的关键特权，即投票权和担任公职的权利。然而，与处于社会另一极的奴隶群体相比，生而自由的妇女仍然拥有更令人羡慕的地位。根据罗马法律，奴隶被视为财产，他们几乎没有任何法律权利。与公民不同，他们可能会遭受体罚、酷刑和即决处决。然而，那些有幸被主人释放的人可以提高地位，有时甚至会成为公民。

社会各阶层对社会地位提升的渴望意味着公民权是不列颠罗马化过程中一个重要的工具。剑和盾牌可能已经征服了不列颠的土地，但是，是公民权的承诺将其人民从制造麻烦的凯尔特人转变为相对忠诚的罗马不列颠人。

▽ 人们认为，罗马人用了约370万吨紧密连接的石头建造哈德良长城

“哈德良敏锐地选择了巩固现有的边界”

北方城墙
THE WALL IN THE NORTH

哈德良不介意采用长期手段阻止蛮族入侵他的王土

117 年，哈德良即位，此时正是罗马帝国的巅峰时期，他的前任图拉真皇帝已经将罗马的统治范围扩大到了西边的西班牙和东边的巴比伦，南至埃及，北至高卢以北那片曾经存在于传说中的土地。虽然在哈德良的新疆域中，许多偏远地区都发生了叛乱，但他很快就将注意力转向了北方。

哈德良掌权时，不列颠北部狂风肆虐的荒野已基本处于帝国的控制之下，但就像帝国边境地区的任何部分一样，和平并不稳固，罗马人划定的分界线并不被认可。哈德良意识到，事实上图拉真留给他的是一个四面楚歌的帝国，他精明地选择巩固现有边界，而非开疆拓土的诱惑（花费也是高得令人瞠目结舌）。他不能指望在蛮族持续侵犯他的土地，骚扰他的士兵时，他依旧可以确保帝国领土完整并保护他所有的臣民。尤其值得一提的是，他有一个特别棘手的死对头：皮克特人。

这些来自苏格兰北部的凶猛战士（他们的名字在拉丁语中意为“涂抹者”，因为他们习惯在战斗前将蓝色染料抹在自己身上）并不是来自一个单一的部落或民族，用历史

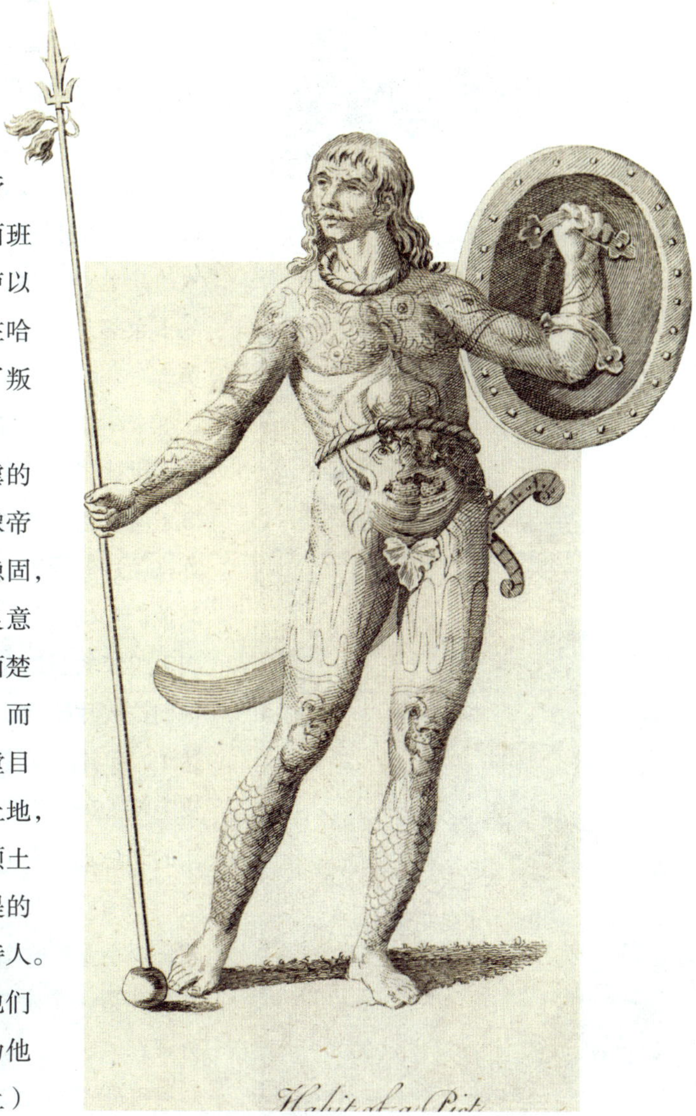

△ 皮克特人经常在身上涂抹蓝色颜料，穿披轻甲，他们被证明是可怕的对手

△ 被誉为罗马 5 位最优秀的皇帝之一的哈德良皇帝，共在位 21 年

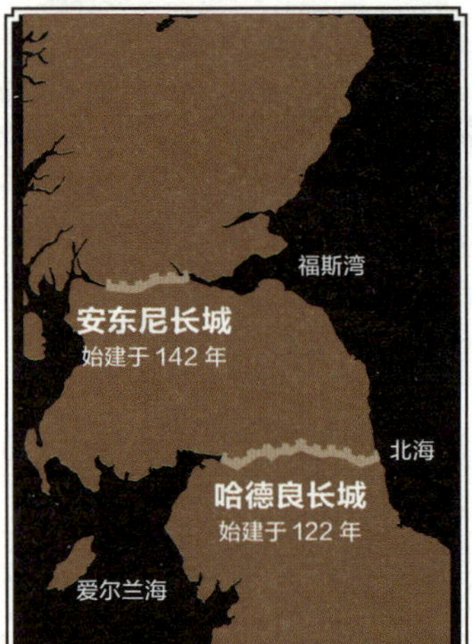

△ 修筑安东尼长城只用了 8 年时间，而哈德良长城在 3 个世纪里一直是使用频繁的军事边界

学家的话来说，他们更像是一个“联盟”。人们认为他们起源于冰天雪地的斯基泰（斯堪的纳维亚），这个由多种语言、文身和部落联盟组成的不同群体因为对罗马人的共同仇恨而团结起来。

由于罗马人专注于解决不列颠省其他地区的纷争，皮克特人得以在相对和平的环境下生活（他们经常被错误地抹黑为野心勃勃的蛮族，一心想要阻碍社会前进的步伐，尽管有大量的考古证据表明情况并非如此）。公元 83 年，他们在格劳庇乌山战役中被迫面对命运之战。

在不列颠总督尤利乌斯·阿古利可拉的领导下，罗马军团于公元 79 年或 80 年一路向北进入苏格兰，并向克莱德河（该河流入今格拉斯哥）以北的边界进发。罗马人几乎没有遇到任何重大的抵抗，他们似乎注定会扫清一切障碍，进一步向北挺进。然而，在卡尔加库斯的指挥下，皮克特人决定起身反抗，卡尔加库斯是第一个被写进历史文献中的卡莱多尼安人，塔西佗称赞他是 “部落首领中最杰出的勇者”。

卡尔加库斯有 3 万名涂着蓝色彩绘的战士为后盾，他向他们讲述了罗马人的压迫和那些为人民自由而牺牲自我的故事（所有这些都是依据塔西佗——唯一一名记录罗马人入侵苏格兰过程的历史学家的说法）。虽然据说罗马人在人数上与他们势均力敌，但罗马只派出了 1.1 万人与北方部落交战，当无组织的当地人撞上坚不可摧的罗马人盾牌和钢铁阵列时，他们被成片砍倒。尽管有传言称阿古利可拉的军队砍倒了多达 1.1 万名皮克特人，但这其中是有夸大成分的。虽然如此，皮克特人确实损失惨重，即使他们设法撤回到他们称之为家园的禁忌森林和山丘中，也无济于事。

在随后的几年里，皮克特人恢复了他们喜欢的游击战方式，以至于在哈德良成为皇帝时，把他们当作一个严重威胁，需要建造一个永久性的屏障来将该省与另一边的 “蛮族” 分开。

可能是在 122 年访问帝国北部之前，哈德良就已经计划并商定了长城的建造。当看到了罗马阵地之外的荒凉景

△ 位于威恩西尔山坡上的城墙被保存得非常完好，罗马人巧妙地将天然岩层融入他们新的防御阵地

象后，皇帝更加坚定了自己的信念，必须要保卫自己“神赐”的领土。然而，皮克特人的威胁并不是促使这项庞大工程动工的唯一原因，另一个原因是，一旦完工，罗马人可以更好地控制移民、贸易和走私者。从另一个角度来说，这也使罗马人能够实施更有效的征税方法，还可以确保没收不符合规定的货物。额外的好处是，这道城墙将是罗马国力的直接投影，是对潜在叛乱者的一种强大威慑。

修建一道横跨一个国家、又高又宽、足以抵御敌人进攻的围墙，需要大量的人力物力。前者由驻扎在不列颠的3个罗马军团构成，每个军团有5000人；而后者主要为方石（用于位于厄辛河以东的那段墙）和草皮（尽管这段不太坚固的城墙后来用石头重建了）。

即使在建造过程中，规划也发生过多次改变：已完成的城墙部分被拆除，并在每隔7英里的地方重建新的防御工事。每隔一英里，城墙上还建有里堡，每座里堡之间有两个石塔提供进一步的保护，通过楼梯（在某些地方可能是梯子）可以到达观测平台。一扇扇双开大门在这些设防地点嵌于城墙上，在紧急情况下，军队通过它可以迅速调动到城墙以北。在城墙南面没有自然屏障的地方，罗马人人工挖掘了被称为瓦卢姆（Vallum）的巨大沟渠，它以一条深壑隔开陡峭的两岸，在任何鲁莽地试图突破罗马防线的部落面前竖起了另一道巨大屏障。

哈德良长城最著名的部分由1.5万名士兵花费了约6年时间方才竣工。城墙完工时，它横跨117千米，高3.5 ~ 6米，宽3 ~ 6米，其中具有战略意义的中央部分宽 2.4 米，高 3 米。它被刷上白粉，并设有 80 个里堡、约 160 座塔楼和 17 个主要要塞，它是一堵强大的、坚不可摧的屏障。

考虑到修建哈德良长城耗费了大量人力、物力和时间，它在建成 25 年后就被遗弃这件事实在令人难以置信，但在 153 年前后（哈德良统治结束 25 年后），哈德良的养子和继任者、皇帝安东尼·庇护就中断了这段相对和平的时期，命令军队进一步向苏格兰北部推进，并要求用木材和草皮修筑一道城墙，也就是后来的安东尼长城。然而，这座长城也在 162 年（建成仅 8 年后）被遗弃，因为罗马人再次退回到哈德良长城内。没过多久，他们又不得不面对皮克特人的威胁。

第一次大规模起义发生在 296 年，当时卡莱多尼安和美阿泰部落向南进发，破坏罗马的切斯特要塞。虽然这场叛乱最终于 306 年被平定，但 36 年后皮克特人卷土重来，对哈德良长城以北的一系列堡垒发起全面进攻，随后，分别在 360 年、365 年和 367 年发动了一连串袭击。随着成群结队的战士涌入不列颠，罗马本就日益减少的影响力几乎在北方消耗殆尽。直到 381 年或 382 年，未来的皇帝马格努斯·马克西姆斯（Magnus Maximus）所指挥的一次远征才最终遏制了皮克特人的入侵，恢复了不列颠的秩序。

此时，罗马在该省的驻军迅速减少，随着越来越多的军队被召回以扑灭帝国其他地方的起义，哈德良长城开始沦为废墟，不再像以前那样可以得到及时的修复或完善。不过，在罗马开始从不列颠撤军后的很长一段时间里，它仍然是一条有效的战略防线，而且有记录表明，它的一些部分在 5 世纪仍处于使用中，尽管驻守在这里的人越来越多地变为当地居民而非罗马的辅兵。

长城上的生活

有证据表明，被派往哈德良长城的人的生活并不像听起来那么糟糕

被派往罗马帝国最北端的边界（因此也是最冷的边界）听起来不像是一个好差事——这还没有把皮克特人袭击的威胁考虑在内。然而，考古证据显示，驻扎在哈德良长城的辅助部队享受到了罗马尖端技术的诸多福利。

这些人可以享受到的福利之一就是地暖，这是一种精心设计的在不列颠帝国北部严冬中十分受欢迎的地下供暖系统（就像士兵们在更冷的月份里穿着的紧身裤和羊皮靴一样）。抽水马桶——这在今天看来是稀松平常的事物，但在当时却很罕见，也存在于部队驻扎的堡垒和里堡中。

不执勤时，士兵们可以去附近的营地和围墙周围的村庄。这些地方既提供当地商品，也提供从罗马帝国各地运来的稀罕东西。不过，给长城上的男人带来最大乐趣的还是他们的妻子和孩子。

虽然士兵们被禁止结婚（这一规定在 197 年被取消），但这一限制常常被忽视，在长城上一个堡垒的墓地发现的妇女和儿童的骨头以及婴儿的奶瓶似乎证明了这一点。

△ 考古学家从靠近墙壁的沟渠中发掘出一只保存完好的木质马桶盖。他们的下一个目标是挖掘出著名的罗马海绵（这里看到的是使用马桶的人手中的海绵）

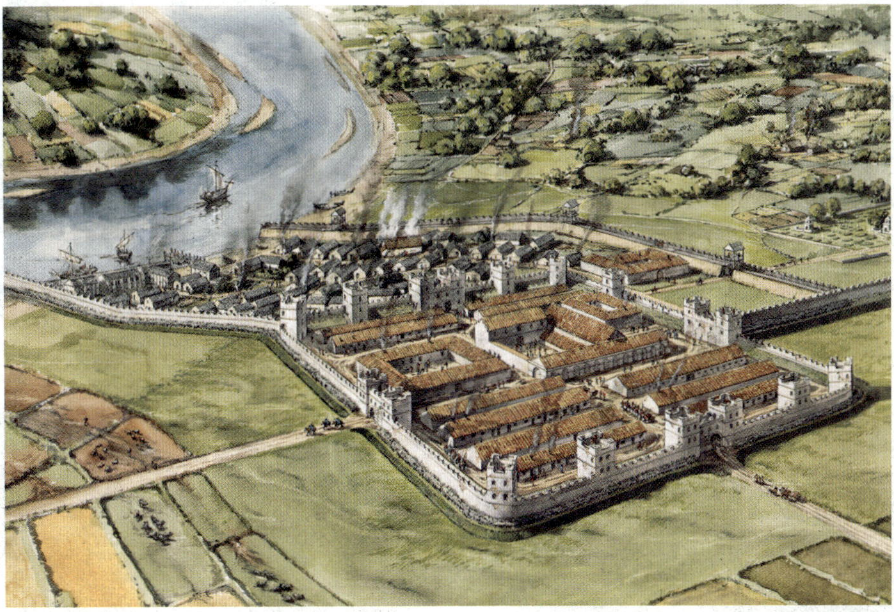

◁ 军队在塞格杜努姆要塞（位于城墙的东端）驻守了 300 年

◁ 里堡分布在长城上，由 20 ~ 30 名辅兵驻守

由于没有军队看守，城墙只能任由当地人摆布，他们开始剥去城墙上的石头，用于建造附近的建筑物。这种二次利用的速度非常快，以至于今天 90% 的城墙已经消失在历史长河之中。即便如此，剩下的部分仍然彰显了罗马帝国疆域和力量是多么令人敬畏。1987 年，哈德良长城被联合国教科文组织列入《世界文化遗产名录》，从而避免了进一步的破坏，它仍然傲然矗立在许多地方，它的石臂从坎布里亚的鸟语林到诺森伯兰的乔勒福德村，绵延 48 千米，作为历史遗迹见证了罗马人的鼎盛时期。

▽ 驻守哈德良长城的军队来自帝国各地，包括如今的叙利亚、阿尔及利亚、伊拉克、西班牙、比利时、克罗地亚和德奥边境

▽ 哈德良长城东面所面向的克拉格湖（Crag Lough）

皮克特人简介

INTRODUCING THE PICTS

了解这位罗马人的北方邻居，看看他们是如何在边界上作乱的

皮克特人居住在不列颠北部，罗马人一直将该地视作一个强大的威胁。该地区位于从（使用现代名称）索尔韦湾到泰恩河河口一线以北，帝国军队从未永久地征服过这片土地。在克劳狄成功入侵该岛之后，罗马人开始在那里行动：他们多次派遣探险队前往北方，并由经验丰富的指挥官（如著名的阿古利可拉）领导。122—128 年，此地为哈德良长城的修建补充了人力，也提供了更多的物力。

之后，帝国在更北的地方建起了另一道加固屏障也即城墙，称为安东尼长城，不过这里只是偶尔有人驻守。3 世纪后，帝国边界再次退回哈德良长城。

最初，罗马人将“不列颠人”作为北部地区居民的统称，后来又将他们称为“皮克特人”。历史学家卡西乌斯·狄奥在 3 世纪撰写的与塞普蒂米乌斯·塞维鲁皇帝远征的

涂抹者

揭开皮克特人的文身故事

皮克特这个名字来自拉丁语单词“pictus”，意思是“涂抹者”。这个名字可能是罗马士兵称呼生活在帝国之外的不列颠人的俚语（他们将这种人体艺术看作一种野蛮行为）。那么，皮克特人是在进行真正的文身，还是仅仅是身体彩绘？5 世纪霍诺留皇帝统治时期，诗人克劳迪安描述了皮克特人身上流淌出的“绘画生命”。

一位名叫伊西多尔的西班牙主教在一个半世纪之后写道，他们身上的图案是文身。他在《词源》中讨论各民族的特点时说到，“皮克特”这个名字指的是他们的身体，工匠用针的小尖头在肉体上留下疤痕，作为识别的标志。然后，这些疤痕被一种本地植物榨出的汁液染上颜色，而贵族们则通过在四肢上文身来加以区分。伊西多尔提到的汁液很可能是菘蓝，来自一种不列颠本土植物，具有强烈而难闻的气味，恺撒曾提到过它的颜色。不过，几个世纪以来人们对这一结论仍持怀疑态度。

▷ 由西奥多·德·布里雕刻并发表在托马斯·哈里奥特的《弗吉尼亚新发现土地的简报和真实报告》中的一幅图画

“尽管手握重兵，塞维鲁依旧被耍得团团转，因为他的对手拒绝与他正面交锋”

有关文章中指出，哈德良城墙外的不列颠人分为两大联盟，一个叫美阿泰人，他们住在城墙边，另一个是卡莱多尼安人，他们住在更外围。他还注意到，在这些大的集体中还有许多单独的小部落。尽管手握重兵，塞维鲁依旧被耍得团团转，因为他的对手拒绝与他正面交锋。不列颠人用牲畜做诱饵，把罗马人引到沼泽地，在那里他们要么被淹死，要么完全丧失战斗力。

说到习俗，狄奥指出，帝国之外的不列颠人很凶残，他们的妻子和孩子是共有的；他们除了铁箍之外不穿任何衣服。他的说法被另一个叫希罗狄安的当代人进一步扩充，希罗狄安解释说,铁在当时是一种贵重的金属，他们拒绝穿衣服是为了展示身上的动物图案。

这种人体艺术也解释了“皮克特”这个名字的由来。大约在296年，高卢的一位校长尤梅纽斯写了一首诗赞美帝国的奥古斯都之一君士坦提乌斯一世，因为他成功地平息了不列颠的叛乱。尤梅纽斯认为他们轻易便取得了战争的胜利，因为不列颠人只对皮克特人等蛮族发动战争。10年后，君士坦提乌斯一世再次率领军团远征不列颠，这次的诗句宣称，他在卡莱多尼安人和其他皮克特人的沼泽地和森林中取得的成功是他最微不足道的成就。当君士坦提乌斯一世于306年在

△ 设得兰群岛老斯坎内斯的舵手室

“皮克特人和爱尔兰人越境进入帝国领土，而法兰克人则沿着英吉利海峡进攻高卢”

约克去世时，指挥权由他著名的儿子君士坦丁，也即后来的“君士坦丁大帝”接管。在这两组诗句中，“皮克特”这个名字显然是含有贬义的，很可能是士兵们使用的俚语，将北部地区不列颠人的人体艺术与野蛮关联了起来。

到4世纪中期，皮克特人在军事上变得更加活跃。我们所知道的大部分内容来自一位名叫阿米亚努斯·马塞利努斯的当代作家，380年，他写了一部罗马史，其中描写4世纪的部分保留了下来。为了避免代价高昂的军事对抗，罗马人试图通过外交和间谍来控制局势。前者包括通过各种方式与强大的族长建立亲善的关系。这是一种古老的策略，对于在洛锡安的特拉勃莱因劳出土的宝藏，包括盘子和其他贵金属制品的一种解释是，它们是帝国官员向当地族长支付的换取和平的贿金。囤积物中不拘一格的非传统物品可能是为了规避大约在356年颁布的一项法律，该法律禁止将硬币熔化成金银，防止有人以这种方式将金钱送出帝国。

为了开展间谍活动，罗马当局派出间谍潜到可能密谋反对罗马的人的身边。根据马塞利努斯的说法，这些人在不列颠被称为“阿卡尼”（arcani）。不足为奇的是，有关于他们的确切细节并不多，但阿卡尼似乎是以商人或贸易商的身份活动的，他们在开展业务的同时搜集消息。

罗马人没有将希望完全寄托于贿赂或间谍活动，他们积极采取措施试图防止袭击。长城的作用也是有限的，因为袭击者可以绕过长城进攻。吉尔达斯等作家在其6世纪的布道书《不列颠的毁灭》中声称，皮克特人和他们的盟友爱尔兰人一样，都是乘坐克勒克艇航行的。根据当代罗马军事历史学家维格图斯的说法，罗马人使用一种被称为“皮克特船”的间谍船侦察袭击者。这些细长的船上有40名全身蓝色的船员，船体、船员制服、索具和船帆也都是如此，这样他们就与大海融为一体了。

贿赂、间谍、船只和城墙：罗马当局一定认为他们已考虑得面面俱到，可以一保平安。然而，在360年前后，皮克特人和苏格兰人开始在不列颠边境恣意妄为。“叛教者”尤里安皇帝派总司令卢皮奇努斯镇压起义，这名总司令有权选择举行谈判还是使用武力。卢皮奇努斯通过谈判获得了几年和平，但在364年冲突再次出现。这一次，被圣哲罗姆称为食人族的撒克逊人和阿塔科蒂人加入了皮克特人的队伍。这样，帝国又避免了被卷入大型战斗。

几年后，在瓦伦提尼安皇帝统治期间，罗马对不列颠的统治在367年的“野蛮人阴谋”中暂时告一段落。皮克特人和爱尔兰人越境进入帝国领土，而法兰克人则沿着英吉利海峡进攻高卢，罗马士兵中出现了兵变。撒克逊海岸的指挥官耐克措狄被杀，一个名叫富洛法德的指挥官在一次伏击中被俘。瓦伦提尼安皇帝派出两名指挥官前来补救，虽然两人都没有完成任务。但另一个名叫约维

△ 17 世纪的克勒克艇图纸

努斯的指挥官回到高卢组建了一支大军。

马塞利努斯将皮克特人的两个部落分别命名为迪卡里多尼人和维尔图里昂人，他们与阿塔科蒂人一起在哈德良城墙以南恣意妄为。当第三位指挥官狄奥多西率领他的部队来到伦敦时，他发现士兵们，也可能是雇佣兵，正在从市民那里搜刮战利品，同时赶走了牛和奴隶。狄奥多西的人击败了叛军和叛变者，但叛变者获得赦免后又回到了驻地。狄奥多西以伦敦为基地，恢复了不列颠的秩序。

无论狄奥多西的胜利多么令人印象深刻，它都只是暂停而非结束了罗马人与皮克特人的交战。在不列颠战役中，有一名名为马格努斯·马克西姆斯的军官，他在 382 年对皮克特人的战役中取得了胜利。这可能激励了他在 383 年自立为帝，并将他的军队转移到高卢。皮克特人利用他不在的这段时间再次南迁。根据吉尔达斯的说法，这是皮克特人在 450 年前经历的 3 次战争中的第一次。

关于这场战争存在着很多猜测。吉尔达斯声称，这场战争在马格努斯被击败并于 388 年被杀害后结束。在此之后，不列颠的一个代表团希望胜利者，即曾经的狄奥多西将军的儿子，现在的狄奥多西皇帝，派遣军队来保护该岛。吉尔达斯解释说——可能并不准确——帝国军在一道草皮墙边确立了边境线。目前尚不清楚这究竟是指安东尼长城还是误指哈德良长城。

除了战争因素之外，由于皮克特人和罗马人接触频繁，4 世纪经历了翻天覆地的变化。罗马人把基督教带到不列颠，早些时候，传教士可能是在后来被描述为皮克特人的民

△ 苏格兰高地格莱内尔格附近的邓泰尔夫石塔

族中工作的。3 世纪神学家亚历山大的奥利金在他第六次关于《路加福音》的布道中指出：“主和救世主的力量与不列颠的人在一起，与我们的世界分离。” 4 世纪时一些皮克特人已成为基督徒——圣帕特里克在他写给科罗提斯的信中就曾谴责这些“叛教的皮克特人”。

罗马人的影响可能也是造成居住环境变化的原因。到了 4 世纪，被称为“圆形石塔”的防御工程已被废弃。以前，这些石塔是人和牲畜躲避袭击者的地方。牲畜在地面上，而人则在上面的木质平台上，它们通常发现于被称为轮屋的地下住所附近。与圆形石塔

△ 马格努斯·马克西姆斯作为指挥官在战役中成功击败皮克特人，后来成为皇帝

△ 皮克特人想方设法逃脱罗马人的统治

一样，轮屋也是由石头制成的，利用了土壤对温度的调节作用。这些小房间从一个中心区域向外倾斜。尽管在这一时期之后，轮屋被持续使用了很长时间，但一种新型的结构正在逐渐取代它——一种类似于高卢和哈德良长城以南的不列颠人所使用的长方形结构。

帝国对不列颠的控制即将结束之时，关于皮克特人和罗马人的诸多问题依旧存在。383—411 年间，不列颠的各色觊觎王位之人蠢蠢欲动，皮克特人是否也是其中一员？哈德良长城沿线的修复或废弃的迹象表明，罗马正在修补而不是重建此处。

我们想要直接向皮克特人求一个解释，然而，马塞利努斯声称狄奥多西的战役非常成功，狄奥多西重新夺回已脱离帝国控制一段时间的土地，将这片收复之地称为瓦伦蒂亚。《百官志》证实了这一点，该书将其列为一个单独的行政单位。问题是它位于哪里？我们不得而知，但有人猜测其位于安东尼长城和哈德良长城之间。尽管如此，当罗马人于 410 年离开时，皮克特人仍然存在，并将继续影响不列颠的文化达 500 年之久。

△ 苏格兰东洛锡安的特拉勃莱因劳宝藏的一部分

罗马不列颠的主要城市

KEY CITIES OF ROMAN BRITAIN

从北部的埃伯拉肯到南部的杜布里斯，
罗马人在不列颠建造了许多定居点，这些定居点保留至今

密特拉神庙

密特拉神庙尊崇的是一个神秘的宗教，历史学家认为其主要祭拜者为商人和官员。

泰晤士河

那时的泰晤士河比如今的要宽得多，涨潮时可能有 1 千米宽，而今天只有 200 米左右。

伦敦密特拉神庙

密特拉神庙是在 1954 年伦敦市城市建设的过程中发现的，现在的位置是伦敦沃尔布鲁克街 12 号

萨瑟克

这个南部定居点包括约 30 英亩（1 英亩约合 4046.86 平方米）的土地，分布在两个潮汐岛上。尽管没有发现堡垒，但有证据表明这里曾有军队驻扎。

罗马伦敦，约公元 200 年

罗马人将伦敦变成了一个热闹的商业中心

不列颠省被罗马人统治了大约367年，在此期间，他们建造了60多处令人惊叹的民事和军事设施，其中的一部分保留至今。

就如罗马人所设想的那样，罗马不列颠的定居点是按照计划建造的。每个城镇都有两条主路，一条从东到西，另一条从南到北。这两条路的交会点是城镇的中心枢纽，是市场、广场和行政建筑的所在地。商业活动也被安排在接近中心的位置，周围的道路——根据其用途，宽度从5米到8米不等——与两条主干道平行，相互成直角。市民居住在城镇外围，这些城镇的大多数建筑都是木质的，而木材是一种很容易获得的材料。

由于每天都有大量的商人和贸易商，贯穿罗马城镇的碎石路面每隔25年就需要重新铺设一次，这导致路面越来越高，最终甚至没过了商铺。

现在，让我们在罗马不列颠最重要的一些城市的街道上走一走，看看它们的（通常是血腥的）历史，以及是什么让它们成了罗马最北端领土上的关键地点。从浴池和大教堂到神庙和剧院，不列颠从一个由部落组成的四分五裂之地转变为一个建立在法律和秩序基础上的繁荣省份，这些变化永久地改变了一个国家的面貌和人民的生活，其影响此后还延续了2000多年。

△ 位于塔丘附近的原3世纪罗马城墙的幸存部分

伦蒂尼恩初具规模

罗马历史学家塔西佗写到公元60年的伦敦时，将其描述为“一个非常重要和繁忙的贸易中心”，在不到10年的时间里，它已经从一个军事补给基地蓬勃发展为一座繁华并充满活力的城市。尽管经历了一些挫折，但整个1世纪伦敦都在不断地发展，除了有土墙和茅草屋顶建成的小住宅外，还出现了一些石头建筑，包括公共浴池和寺庙、堡垒和圆形剧场，而在今天圣保罗大教堂的南部还建有赛马场。

到了1世纪末，伦敦正处于它最活跃的发展时期，尽管它的城墙直到100年后才建成，历史学家认为它的建造时间大约在公元200年。城墙内的地区仍被用来发展农业和畜牧业。第一座伦敦造币厂建于3世纪，一道河岸墙也在此时建成，它构成了最初的城市防御网络。

伦敦桥

△ 现代的伦敦桥距离原来的罗马渡桥只有几百米

罗马人在河上的渡桥是木质构造，位于第一座石头建造的伦敦桥的东面约 90 米处、萨瑟克圣奥拉夫教堂的西边，连接南岸与布丁巷南端的北岸。它的确切位置现在已经无从考证，但历史学家一致认为，尤其是对那些不习惯这种宏伟工程的当地居民来说，这在当时一定是一处令人印象深刻的景物。彼得·阿克罗伊德在他的《伦敦传》中写道："伦敦的一半传说都基于它的基础建设。在这条新的木质大道上，人们创造了奇迹，实现了梦想。"

血与火

自古以来伦敦就是一个充斥着血与火的地方。在整个罗马时代，数次大火几乎烧毁了这座城市，在弗拉维时期、哈德良时期和安东尼时期，都曾有大火肆虐过这片土地。哈德良大火（约 120—125）似乎最为猛烈，尽管后人努力重建，却并没有让此地恢复如初。城市在布迪卡起义中被摧毁，耽搁了几年发展，中世纪的编年史家蒙茅斯的杰弗里有一个关于屠杀的凯尔特人的传说，他说凯尔特战士们把罗马军团成员的头颅扔进了"城里的一条小溪"。1860 年在沃尔布鲁克河河床发现的头骨印证了这个故事。

▽ 大约 20 个罗马人的头骨被利物浦街车站的工作人员发掘出来，这里曾流淌着沃尔布鲁克河

卡姆罗多姆

现位于科尔切斯特

这座城市永远是布迪卡之怒的代名词

卡姆罗多姆建于公元前1世纪，被认为是不列颠最古老的城市，也是罗马不列颠省的第一个首府。作为一个“殖民地”，它被认为是罗马城的延伸，但它崇高的地位并没有在叛乱的风暴中得到保护。

卡姆罗多姆建于铁器时代，在公元43年克劳狄入侵之前，由一系列的部落国王统治，其中最后一位统治者是卡拉塔库斯，他和他的兄弟多哥杜姆努斯一起，试图征服不列颠南部的大片土地。他们贪婪的野心让阿特雷巴特人的国王感到震惊，他恳求盟友罗马施以援手。克劳狄正好需要一场军事上的胜利来巩固自己的地位，于是他利用这个机会，派遣了一支入侵部队穿越海峡前来援助。

不列颠人对外交政策的突变感到震惊，因为没有证据表明，在克劳狄决定使用军事力量来扩大影响力，并使罗马方面不再认为他是一名软弱的统治者之前，不列颠人对罗马人存有敌意。事实上，泰晤士河沿岸居住着罗马商人，以及当地人喜欢在帝国各地开展贸易的事实表明，克劳狄纯粹是为了政治利益而中断了两国之间这种和平互利的贸易关系。

罗马军团在短时间内就完成了任务，杀死了多哥杜姆努斯，并将卡拉塔库斯流放。后来，卡拉塔库斯在战斗中被击败，希望布里甘特人收留他，但后者迅速将他交给了他们的罗马盟友。随着城市屈服于新统治者——11个部落首领臣服于克劳狄——罗马人开始建造一个大型防御工程，以巩固他们新赢得的地位。

作为第二十英勇凯旋军团的驻地，这座堡垒——在拉丁语中称为兵营（castrum）——很快就被渴望效忠的当地人的住宅所包围。在建成后的短短10年内，卡姆罗多姆——为纪念罗马战神卡穆洛斯（Camulos）而命名——拥有了一个广场、一个大教堂和一个议会会议厅。然而，这座新生城市最引人注目的建筑无疑是克劳狄神庙。

除了供奉胜利女神的雕像外，克劳狄神庙是一座高耸的象征罗马强大力量的纪念碑。它由灰泥和石头建造而成，其倾斜的屋顶由32根柱子支撑，内部则是一个近300平方米的房间。尽管它的尺寸令人印象深刻，但可以肯定的是，这座罗马建筑辉煌典范的更多细节被那些为之纳税的当地人所忽略了。

在神庙建成之前，占领这里的军团已经撤离，只留下一批主要的退役军人，他们和家人一起驻扎在以前的军营——其中的许多人都分得了特里诺万特被没收的土地。罗马希望这些退伍军人的存在能帮助维持卡姆罗多姆的和平，事实证明在一段时间内这个方法行之有效。然而之后罗马弄巧成拙，给卡姆罗多姆带来了可怕的后果。

爱西尼女王布迪卡被罗马人的暴虐所激怒，召集了一支据说有数万人的部队，包括被剥夺权利的特里诺万特部落的盟友，一起向卡姆罗多姆进军。卡姆罗多姆曾经是罗马在不列颠省的军事力量中心，但它的防御能力很差，因为造价昂贵，罗马人认为不值得在这里建造城墙。而不列颠省的总督盖乌斯·苏托尼乌斯·保利努斯正在安格尔西岛与德鲁伊交战（更确切地说是屠杀），让这一绝望的局面雪上加霜。只剩下老兵和从伦敦派来的约 200 人的特遣队，面对被多年的税收和饥饿所激怒的数千名本地人，他们没有任何胜算可以守住该城。进攻的军队很快就开始屠杀市民，据估计这场战斗的死亡人数高达 7 万；建筑也被烧毁，夷为平地。然而，尽管卡姆罗多姆这次的失败是可怕且彻底的，但它将来还是会从灰烬中重生。

公元 60 年或 61 年，布迪卡在惠特灵大道战役中被击败，起义被彻底扑灭，卡姆罗多姆稳步重建，纵横交错的街道比其被烧毁之前更加宽阔。卡姆罗多姆迅速发展成一个工业中心，生产封印土雕花陶器、钱币、砖块，甚至葡萄酒，虽然伦蒂尼恩失去了首都地位，但这并没有阻碍其复兴。

△ 科尔切斯特花瓶是卡姆罗多姆遗留下来的最著名的罗马文物。瓶身图案描绘了两个角斗士的战斗场景，并装有火化的骨灰

△ 布迪卡的军队火烧卡姆罗多姆后又摧毁了伦蒂尼恩和维鲁拉米恩（圣奥尔本斯）

埃伯拉肯
现位于约克

注定的军团之家

与卡姆罗多姆一样，历史上的埃伯拉肯城也是在公元 71 年为军事目的而建立的。昆图斯·佩蒂努斯·塞里亚努斯——一位即将成为不列颠总督的伟大罗马将军——计划在即将到来的战役季对布里甘特人的领土发起攻击，他精明地下令建造一座堡垒，以便在他出征之前能够确保自己的安全。

在他的指挥下，第九军团开始在高地上建立防御工事，它俯瞰乌斯河，靠近乌斯河与福斯河的交汇处。它的名字在拉丁语中意为“紫杉树之地”，因为周边地区生长着大量这种树木。然而，并不是只有这些树环绕在部队周围——当地人在附近建造定居点的时间并不长，这使他们能够随时接触到罗马士兵，从而与他们做交易。

罗马人在 28 年前抵达不列颠，他们花了一段时间向北推进，如果不是受到挑衅，这个进程不会如此迅速。然而，一个决心抵抗外国侵略者、时常在如今约克郡山丘上出没的部落国王的行为加速了他们的行动。

布里甘特人的国王维鲁提乌斯对妻子想与罗马人合作一事感到厌恶，他做出了一个

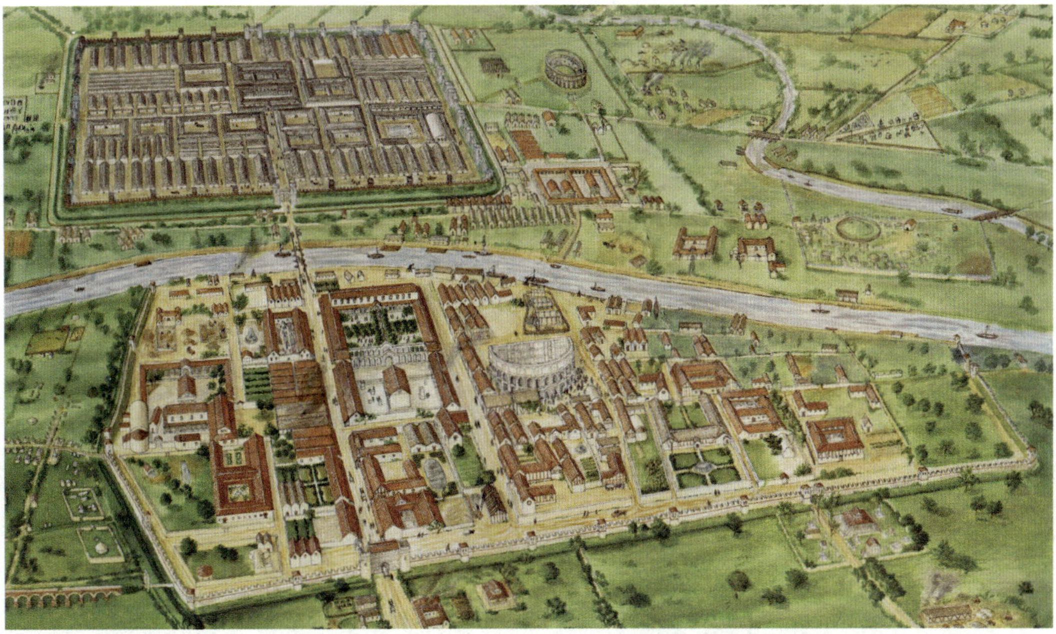

△ 两位皇帝在访问埃伯拉肯期间去世：塞普蒂米乌斯·塞维鲁死于公元 211 年；君士坦提乌斯·克洛鲁斯死于公元 306 年

令人意想不到的举动：既与前妻交战，又与试图维护她的罗马人作战。这场突然爆发的敌对行动，使卡蒂曼杜瓦王后在公元69年被她丈夫的手下囚禁起来，佩蒂努斯·塞里亚努斯当然不会置之不理，他迅速将第九军团的5400人从林肯向北调到不久将成为埃伯拉肯的空旷土地上。

罗马军团到达的时候，这个地区还没有任何当地人的定居点，所以罗马人可以自由地选择一个得天独厚的防御位置作为他们的新堡垒。这里两侧的河流提供了天然的屏障和人员物资的运送渠道，是一个理想的驻扎点，既能适合攻击与其交战的布里甘特人，也方便控制这个地区。

由于第九军团强大的消费力——该军团最初由恺撒创建，在参与了战场位于今西班牙的战役，也被称为第九西班牙军团——埃伯拉肯的人民开始大量生产商品。这些产品囊括了军用陶器和窑炉、玻璃制品、金属制品，以及军用皮革制品。而附近制造的最珍贵的物品是惠特比煤精，一种类似煤炭的黑色宝石，可以用来制作戒指、项链和手镯等珠宝。煤精在当地使用，也运往远方的帝国，进一步促进了埃伯拉肯初期的经济。

至于罗马人自己，他们并没有坐以待毙，而是努力在不断发展的城市中建造尽可能多的建筑。其中最突出的是多角塔，其建造年代可以追溯到公元200—250年间。它位于城市要塞的西区，最初是用木材建造的，后来又用石头重建。人们认为该塔有10米高，是堡垒石墙高度的两倍。然而，这并不是一个标准的瞭望塔，尽管它极具新意的形状使里面的军队能够在部落战士试图爬上城墙时发射飞弹。

奇怪的是，当多角塔今天已然成为一个非常受欢迎的旅游景点时，历史学家依旧在寻找埃伯拉肯圆形剧场的具体位置，有些学者甚至认为存在两座埃伯拉肯圆形剧场。令人惊讶的是，这并不是约克及其前居民留下的唯一难题。

第九军团的失踪仍然是罗马时代最大的谜团之一。该军团是一支经历过战火洗礼并受到高度重视的部队，在尤利乌斯·阿古利可拉的领导下于公元82年或83年前往卡莱多尼安，并在具有纪念意义的格劳庇乌山战役中英勇作战。根据1864年约克出土的一块石头上发现的铭文，历史学家发现第九军团为了修建堡垒在108年回到了埃伯拉肯。然而，无人知晓在这之后他们去了哪里。

相反，埃伯拉肯的结局却是毋庸置疑的。在其创建者消失后的很长一段时间里，这座城市在君士坦丁统治时期继续蓬勃发展，君士坦丁则被驻扎在埃伯拉肯的军队拥立为帝。作为羽翼未丰的基督教信仰的最重要的捍卫者，他的宗教倾向让他在该城任命了一名主教。时至今日，这里仍是英格兰北部最大的城市之一。

△ 多角塔下半部分的建造可以追溯到罗马时期，而上半部分则是中世纪时期增加的

维鲁拉米恩

现位于圣奥尔本斯

前为凯尔特人的家园，后为罗马的骄傲

维鲁拉米恩最初建在一个被称为维拉米恩（Verlamion，意为“沼泽地上的定居点”）的凯尔特人遗址上，是卡图维劳尼部落的一个重要战略中心。卡图维劳尼人对罗马人的到来充满敌意。在公元前20年之前，他们就已经占领了这个铁器时代的定居点，当时的卡图维劳尼国王塔西奥瓦努斯在维拉米恩铸造的钱币就佐证了这一事实。

塔西奥瓦努斯显然是一个野心勃勃的国王，因为公元前15—前10年间从卡姆罗多姆发行的硬币上铸有他的标记，所以后人认为是塔西奥瓦努斯废黜了特里诺万特人的统治者阿德多玛鲁斯。之后在维拉米恩铸造的硬币似乎表明，塔西奥瓦努斯非常热衷于强调他作为南方合法统治者的地位——可能他知道并非所有臣民都视他为国王，因为这些硬币上刻印着布立吞语的“合法国王”。

尽管卡图维劳尼人牢牢占据着他们的领地，包括今天的剑桥郡、赫特福德郡和贝德福德郡南部，但面对公元43年的克劳狄入侵，他们却无能为力。抵抗是徒劳的，土地也被影响范围不断扩大的罗马所吞噬。虽然这对骄傲的卡图维劳尼人来说是个坏消息，但它却预示着维拉米恩的变革和繁荣。

这座城市迅速被其新占领者改名为维鲁拉米恩，并飞速发展为罗马不列颠最大、最富有的定居点之一。事实上，由于它对罗马的重要性，它在公元50年获得了成为自治市的荣誉，使其公民在承担税收和兵役等义务的同时享有某些特权，尽管不包括在每年选出4名城市管理官员的选举中的投票权。关于维鲁拉米恩的一切，从它的名字到它的人民，现在都罗马化了。然而，虽然这种特殊地位使该城获得了财富和罗马的庇护，但也让那些仍然抗议罗马人到来的部落产生了一种权利被剥夺的感觉——当然，遭到抗议的还有罗马人建立的蒸蒸日上的定居点，以及支持罗马人的富人。

这种深深的厌恶感终于在公元60年引爆了一场杀戮狂欢，当时布迪卡的军队向卡姆罗多姆进军，屠杀了这里的居民之后又将该城夷为平地。在胜利的快感和进一步复仇欲望的驱使下，爱西尼人和他们的盟友将怒火转向伦蒂尼恩。

由于缺乏足够保卫城市的人员，罗马不列颠的总督盖乌斯·苏托尼乌斯·保利努斯做出了一个艰难的决定：放弃该城，任由它承受即将赶来的部落军队的蹂躏。布迪卡的大军遇到并击败了属于第九军团的一众罗马军队，然后攻入伦蒂尼恩，再次烧毁他们面前的一切，并毫不留情地砍杀那些没有撤离的人。

暴风雨即将来临的消息传到了维鲁拉米恩人们的耳中，其中一些人匆匆忙忙地收拾了尽可能多的、能够携带的财产，离开城市到其他地方寻求庇护，而那些选择留下的人，也有可能是无法离开的人，只能（也可能没有）一直在后悔中度日。布迪卡的军队再一次拒绝表现出哪怕是一丁点的同情心，他们在城里横冲直撞。正如在卡姆罗多姆和伦蒂尼恩所做的那样，攻击者亵渎了罗马圣所，并采用了新的杀戮手段，将一些受害者钉起来。维鲁拉米恩被彻底摧毁，3 座城市中不幸被布迪卡杀害的总人数达到了 7 万 ~ 8 万。

然而，罗马人如果没有顽强生命力的话就不是罗马人了，像其他被破坏的定居点一样，维鲁拉米恩被重建起来。一座大教堂、一个剧院（在不列颠建造的唯一一个仍然可辨别出的罗马剧院）和一个献给韦斯巴芗皇帝的广场。等新建筑开始在整个城市稳步建造时，这座城市的领土扩大到了 125 英亩以上。城里的人们还可以使用公共浴池和寺庙。即使 155 年和 250 年先后发生了两场破坏性的大火灾，也不能阻止维鲁拉米恩以令人惊叹的速度恢复。

在今天的圣奥尔本斯镇维鲁拉米恩公园的遗址上，仍有许多精美的彩绘马赛克、保存完好的地热系统的遗迹，甚至还有伦敦门的轮廓，所有这些都是在公元 410 年被罗马人废弃后幸存下来的。

△ 维鲁拉米恩被洗劫后不久，布迪卡的军队在惠特灵大道战役中被苏托尼乌斯 · 保利努斯的部队歼灭

▽ 建于 140 年的维鲁拉米恩罗马剧场于 1869 年被发现，并在 20 世纪 30 年代被挖掘出来

杜布里斯

现位于多佛

不列颠最著名港口的诞生

罗马人是杰出的战略家，他们善于发现机会并充分利用自然优势，而在罗马不列颠，没有任何地方比多佛这座港口城市更能证明他们的军事优势。

多佛位于都河的河口，公元前55年被恺撒的军事顾问盖乌斯·沃卢森努斯认定为入侵时军团的理想登陆地点。为了得到更多信息，沃卢森努斯乘船横渡英吉利海峡，前去考察高卢北部这片神秘土地的海岸线。

不幸的是，对恺撒来说，他的舰队在多佛登陆所带来的地理优势，被一群不欢迎他们且手持标枪的不列颠人抵消了，这些不列颠人聚集在一起“迎接”来自海外的陌生人。恺撒明智地选择撤退，不冒他的人从船上跳下来就被屠杀的风险，命令舰队沿着肯特海岸继续航行，在那里他们找到了一个滩头阵地，但几乎没有找到其他东西。这位雄心勃勃的未来罗马独裁官并不气馁，第二年他带着一支更大的舰队返回，并声称这支舰队会让以前顽固的当地人感到恐惧。事实证明恺撒是正确的，当地人没有对后来这次更为成功的入侵做任何抵抗。

恺撒在将他800艘船的货物安全运送到多佛海滩上后便立即掌握了主动权。他任命一位名叫昆图斯·阿特里乌斯的军官守卫滩头，并指挥10支步兵队和300名骑兵，自己则带着一支部队向内陆进军。他在斯陶尔河遭遇抵抗，但他迅速驱散了这群由当地人组成的无组织的乌合之众并继续前进，后来甚至将隐藏在林地防御阵地中的幸存者驱逐出去。

▽ 恺撒第一次入侵不列颠失败后，一群轻装上阵的当地人聚集在一起“欢迎”他

虽然恺撒可以宣称自己是第一个踏足不列颠的罗马人——这是一项史无前例的成就，但他并没有在那里花费大量的时间，直到公元43年克劳狄入侵之后，杜布里斯（意为“水域”）才开始显露出长久的人力塑造的特征。鉴于其是不列颠离欧洲大陆最近的地点，又是罗马人穿越英吉利海峡时运送人员和物资的第一个停靠港，该地最早建造的建筑之一就是灯塔。该灯塔高24米，由石头建成，据说是英格兰最古老的建筑，在新获得的省份和帝国大陆之间，它为航行在波涛汹涌水域中的罗马船只提供了指引。如今它仍然屹立不倒，比建在它对面西部高地的另一座罗马灯塔（被称为“法洛斯”）更为古老。

为了巩固自己的地位，罗马人在克劳狄入侵后还在现在肯特郡的里奇伯勒定居点建造了里奇伯勒堡。占领不列颠海域的罗马舰队——大不列颠舰队的一些人就驻扎在这里。它那雄伟的城墙和用作防御的沟渠有很大一部分保留至今。

毫无疑问，杜布里斯最富底蕴和装饰性的罗马建筑就是著名的罗马壁画馆。这座精心绘制的建筑被称为“被埋葬的不列颠庞贝城”，于20世纪70年代出土，是一座庞大建筑的一部分，为往返欧洲大陆的旅客提供住宿。该建筑建于公元200年，其古老的墙壁上有超过400平方米的壁画，描绘了掌管酒、生育和农业之神巴克斯。食客们还可以享受舒适的地暖系统。直到270年军队拆除了整座建筑，因为他们要在这里修建一个更大的防御工事（撒克逊矮堡），这也解释了酒店的堡墙为何一直存在。今天，壁画馆完全由志愿者保护，它是现在不列颠可以找到的罗马建筑的最好范例之一。

除了令人印象深刻的建筑外，杜布里斯还是一个繁荣的城镇，越来越多的房屋在此建立，它的产出和重要性迅速超过了附近的里奇伯勒堡。与附近的吕蒙斯（今利姆）一起，杜布里斯和里奇伯勒堡发展成了重要的贸易和军事前哨，这3个地方都与惠特灵大道相连，罗马人后来将惠特灵大道铺设成一段最终连接伦蒂尼恩和坎特伯雷的道路。

罗马决定在多佛白崖之上的土地上构筑防御工事，这一决定被证实极具先见之明，因为多佛港至今仍是不列颠和欧洲大陆之间的重要纽带，罗马人在2000多年前就意识到了其巨大的自然优势。

△ 以著名的“亚历山大法洛斯”（Pharos of Alexandria）命名的灯塔，像多佛这座灯塔一样的灯塔对于驶向不列颠多岩海岸的罗马船只而言是非常宝贵的

萨利斯泉
现位于巴斯

从治愈之水中浮现出的不列颠最受欢迎的城市之一

巴斯是一座充满神秘感的城市。根据传说，前753年罗慕路斯和雷穆斯辛辛苦苦建起罗马古城之前，一位名叫布拉达的备受指责的王子由于染上致命的麻风病而被勒令离开家乡饲养猪群。布拉达独自游荡，把他的猪伙伴们（也患有皮肤病）赶到了今天的巴斯，在那里，这些猪快速跳进了一个发热的泥浆池。神奇的是，当它们浮出水面时，皮肤病竟痊愈了，于是布拉达也受到启发，效仿它们跳入水中，在巴斯温暖的水中治好了自己的麻风病。

布拉达从一种直到20世纪40年代还被认为是不治之症的疾病中恢复过来，这几乎是不可能的事。然而，巴斯天然温泉的疗效是有目共睹的，而且早在公元前50年，罗马人就因为珍视巴斯温泉而在附近建立了一座神庙。为了不得罪当地人，出于外交上的考虑，他们将其献给了凯尔特人的温泉女神苏尔和罗马人的康复女神密涅瓦。这反过来也促进了巴斯镇的发展，使其在同一时期得到了建设，被命名为萨利斯泉（意为“苏尔的疗愈之水”）。

萨利斯密涅瓦神庙是罗马人占领不列颠后建造的仅有的两座古典神庙之一，在300年的时间里不断修缮，尽管现今它已沦为废墟，但它与著名的巴斯一起为历史学家提供了宝贵的财富。

该神庙的壁炉是保存最完好的发现之一。这块厚重的圆形石头上有一张戈耳工的脸，这是希腊神话中一个冷酷无情的女怪，它的头发都是毒蛇。对于神庙的赞助人来说，这是一个令人不适的景象，它永远提醒着人们，萨利斯一直在监视着他们。一个萨利斯本人的青铜头像也保存了下来，上面的铆钉表明她的头盔曾经被固定在那里。

另一个激动人心的发现来自2007年，考古学家挖掘出了博街宝窟，内存大量硬币，共计17577枚，年代跨度为公元前32年到公元274年。博街宝窟是迄今为止在罗马不列颠城镇内发现的最大的罗马文物埋藏地。

然而，最神秘的发现可以说是在圣泉中拖出的130块“诅咒碑”。这些碑文主要由密码写成，希望萨利斯神惩罚罪犯（主要是小偷），直到诅咒的发起人（通常是受害者）拿回他们被盗的物品。一些更有创意的诅咒者要求让他们的目标无法入睡，失去控制身体机能的能力，还有更糟的如“失去思想和眼睛”。不过死亡的诅咒一般只留给犯下最重罪行的人。

这些受委屈的当地人所用的浴池是世界闻名的。这个精心设计的构造中最令人印象深刻的部分是大浴场。这个池子里铺着铅板，

△ 作为英国最受欢迎的旅游景点之一，罗马巴斯每年吸引超过 100 万的游客前来观光

差不多有两米深，温水来自天然泉水。宽大的支柱被建造来支撑其新的陶瓷屋顶，石质的支柱伸入水中。

东浴场和西浴场规模较小，但同样令人惊叹，前者是一池温水和一系列加热室；而后者则包含一系列惊险的跳水池，勇敢的游泳者可以在游泳后跳入其中，如果需要任何额外的治疗都可以在相邻的房间进行。

巴斯除了在宗教和文化方面展现出重要性之外，它还是罗马不列颠一座享有盛名的休闲城市。而在该省四通八达的先进罗马道路系统中，萨利斯泉同样是一个极其重要的交通枢纽。附近的埃文河港口为货物和人员的运送提供了另一种途径。如果以市民墓碑的优雅和昂贵程度作为衡量标准的话，可以看出这座城市从这一便利的贸易路线中获得了巨大的利益。

萨利斯泉的奢华程度远非其他任何罗马城镇所能比拟，但在不同时期也有军队驻扎在此。在该市发现的碑文中提到了一些军团，包括第六凯旋军团和第二奥古斯都军团。即便如此，现今还没有发现任何证据能够证明该城曾被罗马士兵长期占领。

△ 公元 4 世纪的萨利斯泉

文德兰达

罗马不列颠最著名的定居点之一是文德兰达堡——哈德良长城沿线的众多军事遗址之一。它有一个附属的城镇，配有浴室和客房，但是真正为这里带来声誉的是文德兰达的石碑。这些石碑记录了包括工作职责和饮食在内的士兵日常生活。

分裂的不列颠
DIVIDING BRITAIN

经历了一段时期的内战之后，为了安抚不列颠，这片区域被划分成了多个不同的省份

可以说，塞普蒂米乌斯·塞维鲁命运多舛。毕竟，193 年康茂德被刺杀后，作为 5 名罗马皇帝候选人之一，他是这场血腥内战中的关键要素。虽然他取得了胜利，但麻烦却一直如影随形。

竞争对手佩蒂纳克斯和狄第乌斯·尤里安努斯早早就离开了人世，但塞维鲁同意与他当时的盟友、不列颠总督克劳狄·阿尔比努斯共享执政权。塞维鲁随后击败了叙利亚总督佩斯切尼乌斯·奈哲尔，阿尔比努斯和塞维鲁之间的权力斗争也随之展开。

196 年，塞维鲁宣布他的长子卡拉卡拉为恺撒（此处是指代罗马皇帝的头衔）和继承人，这一决定让阿尔比努斯感到不悦，这一点儿也不难理解。于是，阿尔比努斯被他的军队拥立为帝，他迅速率领 3 个军团从不列颠前往高卢，目的是向罗马进军，但塞维鲁预测到了阿尔比努斯的野心，命令他的军队穿过德意志前去迎战。两支军队在这场约 30 万人卷入其中的大规模战斗中浴血奋战，阿尔比努斯在战斗中死去。

△ 下不列颠省离罗马最远，因此得名，它占据着今天英格兰北部的大部分地区

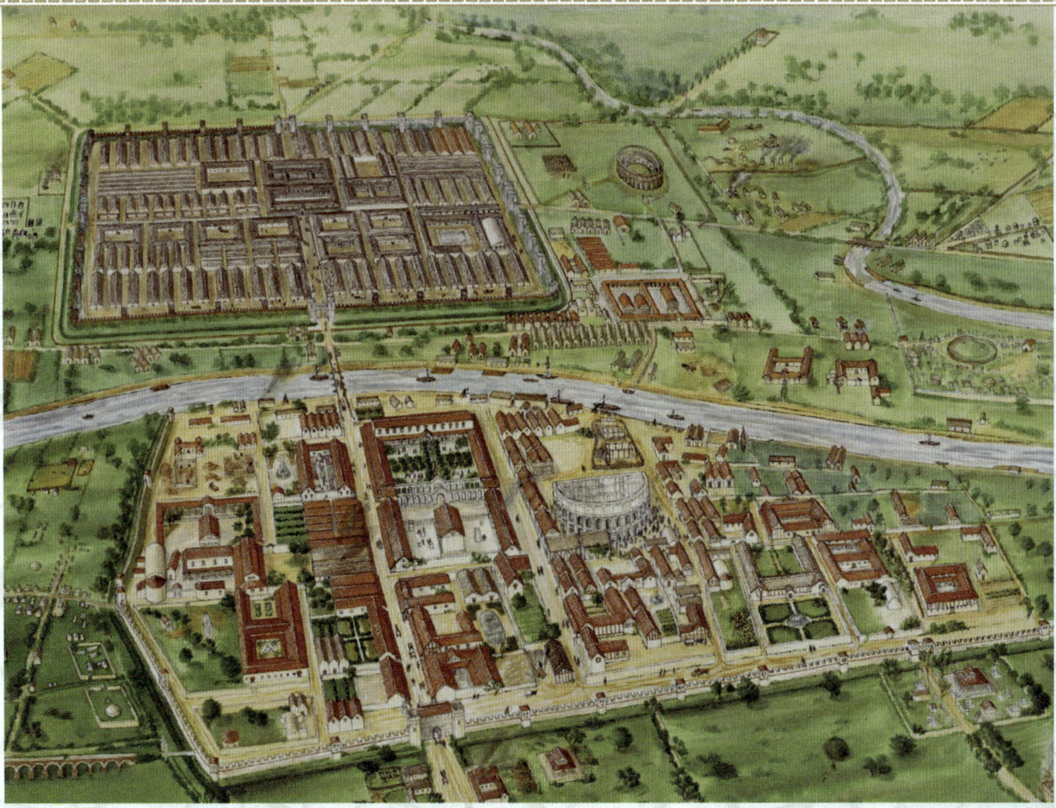

△ 今天约克，即 3 世纪的埃伯拉肯，当时它是下列颠省的主要定居点

为了防止未来的不列颠省总督手握 3 个军团和辅助部队，拥兵自重，塞维鲁试图通过将该省一分为二的方式来削弱其力量。上不列颠省在南部，以伦蒂尼恩（现代伦敦）为首府；下不列颠省在北部，以埃伯拉肯（约克）为首府。

这种命名方式是典型的罗马帝国式结构。离罗马较近的省份一般被命名为上省，而离罗马较远的省份则被称为下省。尽管名字具有这样的内涵，塞维鲁最终还是在 208 年搬到了埃伯拉肯，以指挥打击北方频繁来犯的卡莱多尼安人的战役。他于 211 年 2 月 2 日去世，同年，很可能是在卡拉卡拉的命令下，不列颠再一次出现分裂。

上不列颠省由一个执政官级别的官员掌控，他手下还有几个军团和一些辅兵。下不列颠省则由一个裁判官级别的人统治，他在埃伯拉肯只有一个军团，但有更多的辅助部队，其中的许多人负责守卫哈德良长城。据了解，下不列颠省涵盖了我们今天所知的英格兰北部的大部分地区（埃伯拉肯是当时该地区唯一真正意义上的城镇）和威尔士，而上不列颠省则涵盖了其他地区，包括东安格利亚的一大块土地。

这种情况持续了几十年，尽管没能维持到 3 世纪。到了 296 年，罗马帝国由 4 个皇

△ 伦蒂尼恩是上不列颠省的权力中心，它被一道防御墙包围着，这道墙留存了 1600 年

帝共同统治，即所谓的四帝共治制。这是由戴克里先皇帝实施的，他试图通过这种方式杜绝此前经常发生的因皇帝被暗杀而造成局势动荡这类事情：他认为，多个领导人的存在可以确保帝国不会因为一人的死亡而受到巨大的影响。

然而，这一方法无法抵御叛乱。286年，四帝之一马克西米安将监视不列颠和高卢之间水路的任务交给海军指挥官卡劳修斯时，这名军人宣布自己为不列颠和高卢北部的皇帝。马克西米安派出他的副帝君士坦提乌斯一世前去夺回不列颠。最终，卡劳修斯在 293 年被他的财务主管阿勒克图斯暗杀。

最后，在靠近西尔切斯特的一场战斗中，君士坦提乌斯杀死了阿勒克图斯。不列颠从此被称为教区，并最终被分割成 4 个省。上不列颠省被分成玛克西玛－恺撒里恩西斯省和第一不列颠省，而下不列颠省则被分成弗拉维－恺撒里恩西斯省和第二不列颠省。

我们并不确定这些名字的由来。玛克西玛－恺撒里恩西斯省受伦蒂尼恩统治，可能是以东部的副帝加列里乌斯·马克西米安（Galerius Maximian）或西部的皇帝瓦列里乌斯·马克西米安（Valerius Maximian）命名的（甚至可能两者兼顾）。弗拉维－恺撒里恩西斯省很可能是以弗拉维·君士坦提乌斯·恺撒命名的。

同样不确定的是这4个省各自所占的确切面积，学者们对其具体位置和边界长期争论不休。人们普遍认为第一不列颠省涵盖了威尔士和康沃尔以及两者之间的土地，从多布尼（今赛伦塞斯特）开始就在其管辖范围中，尽管起始地也可能是德瓦（今切斯特）。

第二不列颠省的统治范围则被认为始于埃伯拉肯，包括现在的英格兰北部和约克郡，而弗拉维－恺撒里恩西斯省则自林德姆（今林肯）伸出统治的触角，占据了今天奔宁山脉以南英格兰中部的广大地区。然而，无论边界如何划分，结果都是，罗马帝国各地行省数量都在逐步增加的时候，总督（称为“代理官”）领导着这个分裂的不列颠。但是这种情况不会持续太久。

4世纪，君士坦丁被教区军队拥立为帝，并引入了基督教。353年，罗马帝国的篡位者弗拉维·马提努斯被君士坦丁二世击败后自杀，他在不列颠省内吸引了一批忠诚的追随者。383年，另一位代管人马格努斯·马克西姆斯从不列颠的指挥官一跃成为皇帝（尽管他在388年的萨韦河之战中被杀死）。

不过最重要的一件事是，罗马军队于400年离开不列颠去保卫意大利，不列颠只好寻求自治。没过多久，不列颠就不再是罗马教区了，尽管有人（主要是历史学家罗杰·怀特）认为，第一不列颠尼亚是罗马帝国管控到最后的不列颠土地，但直到1278年爱德华一世攻占卡那封，这种占领关系才结束。

△ 历史学家们普遍认为，不列颠的行政区划如这幅地图所示，它显示了4个不同的省份，以及位于罗马边界以北的卡莱多尼安

▽ 235 年，亚历山大·塞维鲁皇帝被谋杀一事引发了三世纪危机，这导致了塞维鲁王朝的终结，并带来了几十年的混乱

高卢帝国
THE GALLIC EMPIRE

随着罗马的衰落，一个新的帝国诞生了，
它的梦想是让高卢、不列颠和西班牙再次迎来和平

235 年，亚历山大·塞维鲁皇帝被谋杀后，罗马帝国陷入混乱。在随后的 50 年里，出现了超过 25 个王位继承者——其中大部分都被暴力推翻了。这段时期被称为三世纪危机，这种混乱在公元 260 年达到顶峰，当时瓦列里安皇帝因为愚蠢而被胆大妄为的波斯国王沙普尔一世俘虏。作为共治者的瓦列里安之子加里恩努斯被留下来保卫西部边境，继承一个濒临崩溃的动荡王国。

在莱茵河和多瑙河沿岸，加里恩努斯证明了自己的能力，他与反叛者英格努斯和雷加里安努斯一起抵挡住了法兰克人和阿勒曼

△ 瓦列里安被沙普尔俘虏，他不仅过上了悲惨的生活，还不光彩地死在了波斯

尼人的进攻。然而，对于即将到来的无政府状态，他束手无策，因为帝国遭到了各方攻击。阿勒曼尼人攻入意大利，法兰克人把西班牙夷为平地，哥特人蹂躏了希腊、马其顿、本都和小亚细亚。不久，人们便议论纷纷，说雷加里安努斯得势后变得放纵，在大家最需要他的时候沉溺于园艺和诗歌。

与此同时，在高卢，一个名叫波斯图穆斯的巴达维亚将军被他的手下推上皇位。他出生平平，但在战火中锻造了自己，成了一个鼓舞人心的领袖、一个高超的战略家和一个大胆的创新者。他是罗马人中的佼佼者，平步青云，并赢得了高卢同胞的心。他多次击退贪婪的法兰克人，为自己赢得了“日耳曼人的征服者”和“高卢人的拯救者”这两个称号。

作为下日耳曼省的总督，他既不虚荣，也不愚昧。不过，他不是只有勇敢的一面，也有狡猾的一面。在担任执政官期间，当发现一些朱桑吉人突袭者带着罗马人的战利品和俘虏逃跑时，他立即追赶并杀死他们，随后将他们的战利品交给自己的手下。为了庆祝他的功绩，纪念他对雷蒂亚的征服，人们建起了奥格斯堡胜利祭坛。

加里恩努斯不在的时候，他的儿子萨洛尼努斯被留在莱茵河河畔最著名的城市阿格里皮纳（今科隆），由他信任的将军希尔维纳斯负责照料。当希尔维纳斯听说了波斯图穆斯掠夺了财物，他要求对方交出这些东西。波斯图穆斯向手下传达了这一消息，成功燃起了他们的怒火，现在除了鲜血之外没有什么可以平息他们的愤怒。他抓住时机，直奔阿格里皮纳，围攻了这里的定居点，并明确表示要饿死每一个人，直到他们交出萨洛尼努斯——很快他就和希尔维纳斯一起被交出来了，二者随后死于刀下。现在，强大的波斯图穆斯独自统治着高卢地区。

加里恩努斯在得知儿子的死讯后，立即准备进行报复。然而，与此同时，他父亲的前财务主管刚刚宣布让自己的儿子马克里亚诺斯和西蒂乌斯成为东方的共治皇帝。这对颇受欢迎的组合立刻引起了骚动，加里恩努斯不得不向小亚细亚派遣一支军队来对付他们，这瞬间让他的军队人数变得捉襟见肘。

在一些公开的小规模冲突之后，加里恩努斯牵制住波斯图穆斯，包围了一座高卢城市。然而，高卢人做出了猛烈的抵抗，将入侵者挡在门外。由于急于寻找入城的途径，加里恩努斯只身暗中潜入，结果身体一侧被人射中一箭。受伤后，他被迫撤退，给高卢帝国提供了喘息的时间。这对皇帝的威信和他所需的认同来说是一个巨大打击。

现在很明显，随着法兰克人在西班牙恣意妄为，不列颠人受到北方和大陆蛮族的共同攻击，他们的安全不再是中央政府优先考虑的事情。相反，他们倒向波斯图穆斯，承认他是真正的罗马皇帝。然而，波斯图穆斯并没有向罗马进军，而是通过加固莱茵河和英格兰海岸来巩固自己的势力。

在收购了罗马人在不列颠和西班牙的银矿后，他开始铸造自己的硬币，希望以此使自己的权力合法化。在帝国的外围，高卢和不列颠经常受到硬币短缺的困扰，安东尼家族的旧硬币仍在广泛流通。高卢帝国着手改变这种情况，他们铸造了古老的塞斯特斯硬币，同时还开始铸造新的硬币，这种硬币通过描

◁ 在他父亲被俘之前，加里恩努斯就在莱茵河和多瑙河沿岸的战役中表现出外交和军事方面的才能

△ 波斯图穆斯铸造了自己的货币，其标准甚至高于加里恩努斯的货币，但在后来质量逐渐降低

绘波斯图穆斯举起一个跪着的女人来赞誉他为“高卢的复兴者”。这些硬币是罗马有史以来最好的货币之一。帝国还选出了自己的元老来主持各省工作，甚至还有监察员和雷必达等执政官。

同时，加里恩努斯的东部盟友帕米拉王国君主奥登纳图斯，在一个名为奥勒伦（Aureolus）的将军的帮助下击溃了马克里亚诺斯的军队。在加里恩努斯任职期间，奥勒伦已经成为他最信任的人之一。然而，当奥登纳图斯在东部被谋杀，使达契亚暴露于哥特人的攻击之下时，加里恩努斯选择背叛他去夺取米兰城。起初，加里恩努斯没有宣布自己为皇帝，而是铸造硬币支持波斯图穆斯的主张，但当他意识到高卢皇帝无视他时，他别无选择，只能称帝——尽管已经没有什么可以阻止或限制他了。

268 年，加里恩努斯像之前的许多人一样被四面八方的敌人所包围，在一次假警报中被谋杀于营地内。克劳狄二世取代了他，奥勒伦投降了克劳狄二世，但也在此过程中被杀害。克劳狄改革了军队，试图让罗马军队恢复他们本有的纪律和尊严，他把保卫自己的王国放在首位。奥登纳图斯死后，他的妻子帕米拉王国王后芝诺比阿宣布独立，留给克劳狄的领土只剩下以前罗马帝国的 1/3。然而，眼下还有一个更紧迫的问题——哥特人正在建造一支由数千艘船组成的舰队，据他的估计，能够携带 37 万名战士前往拜占庭。

尽管外部相对和平，但高卢帝国国内的情况却并不乐观。第二年，刚庆祝完他执政的第十个年头和第五个执政官任期，波斯图穆斯在美因茨镇压了一场一名高级将领领导的叛乱。然而，在拒绝让手下掠夺这座城市后，他的手下们谋杀了他。他被一个叫马略的金属工匠所取代，几个月后马略也被暗杀

◁ 作为一个坚韧不拔的女战士，芝诺比阿比她的丈夫更加张扬，芝诺比阿在这个父权制的世界里打下了属于自己的烙印

另立门户的王后

帕米拉王国君主奥登纳图斯向世界证明了自己是罗马在东方的救星。然而，他在 267 年被暗杀后，权力落到了他的遗孀芝诺比阿手里，她担任自己儿子的摄政。

虽然奥登纳图斯忠于罗马人，但芝诺比阿显然不满处于他们的枷锁中。由于在主要贸易路线上拥有战略性位置，帕米拉城变得异常富有：据说其建筑奇观可以与罗马本身的建筑相媲美。她带着 7 万人的军队，夺取了叙利亚、埃及、安纳托利亚和阿拉伯北部——从而建立了帕米拉帝国。

她的领地是一个世界性的大都市，希腊、罗马和叙利亚的文化在这里交汇，异教徒、犹太人和基督徒毗邻而居。她一个著名的举动是保护了再三被谴责为异教徒的安条克主教——撒摩撒他的保罗。

尽管一开始遇到了一些困难，但奥勒良上台后便迅速将芝诺比阿的军队赶回了帕米拉王国，并很快俘虏了她。后来，他将这座城市夷为平地，然后将芝诺比阿用铁链锁住游街示众。历史学家们对她最后的命运说法不一——有人说她被杀，但最有可能的是她退居到罗马的一座别墅里，以臣民的身份度过了余生。

了。他的继任者维克托里努斯曾担任过波斯图穆斯的第四任执政官，并担任过高卢的裁判官。然而，他的性情与波斯图穆斯截然不同。他是出了名地放荡，在执政的第二年就被一个妒火中烧的丈夫杀死了，因为维克托里努斯曾试图勾引他的妻子。这个复仇者甚至谋杀了维克托里努斯的儿子，于是王国被交到了这个孩子的母亲维多利亚手中。

高卢王国恢复了平静之后，维多利亚提名泰特里库斯以她的名义统治特里尔城。由于她的努力，她被称为奥古斯塔（意为“女奥古斯都”，即女皇）和军营之母，她的形象也出现在了金币、银币和铜币上。泰特里库斯以前曾担任阿基坦总督，这是一个不掌握多少军权的职位。他对自己被推到这个位置感到不满，因为他主持着一个自波斯图穆斯死后就陷入动荡的王国，于是他拼命寻求出路。尽管在波斯图穆斯统治结束时货币就已经开始贬值，但此后这种情况不断加剧，甚至市面上流通着非官方铸造的假币。由于莱茵河沿岸的日耳曼人不停入侵，泰特里库斯只能放弃他的边境要塞。

克劳狄向东挺近，在纳伊苏斯战役中果断地消灭了哥特人后，克劳狄——由于他的

△ 虽然不像哥特人那样危险，但法兰克人充分利用了混乱的局面，多次入侵莱茵河并蹂躏西班牙

努力，现在被尊称为克劳狄二世——死于瘟疫，去世之前，他提名奥勒良为他的继任者，后者迅速重新征服了东部的帕米拉王国。虽然大多数高卢和不列颠地区仍然承认高卢的统治，但西班牙倍感失望——高卢总是无法兑现帮助他们抵御外敌的承诺，于是他们选择承认日益强大的皇帝奥勒良而不是泰特里库斯。斯特拉斯堡方面也承认奥勒良为正统皇帝。

泰特里库斯冒着极大的风险，秘密写信给奥勒良，希望能够摆脱帝国的负担，恳请他提供一条出路。他密谋反对高卢帝国，却似乎因为向罗马人发动战争而使自己的军队不断被削弱。他故意让他的军队处于不利地位，并将他们的行动出卖给罗马人。当双方在香槟地区最后对峙时，泰特里库斯干脆溜走了。尽管高层背叛了他们，但他的部下还是英勇作战，带着勇气和怒气战斗至最后一人。虽然波斯图穆斯的死导致他们与帝国脱轨，但他们依旧渴望独立。战争一结束，随着高卢被打败，不列颠兴高采烈地宣布支持奥勒良称帝。

在最终统一了罗马帝国之后，奥勒良以“世界修复者”的身份回归。他取得了一场巨大的胜利，将泰特里库斯和芝诺比阿游街示众以羞辱他们——尽管两人后来都被释放了。为了解决麻烦，奥勒良甚至让泰特里库斯成为元老和（根据一些历史资料）意大利总督。

第二年，奥勒良彻底平定高卢，起程前往拜占庭与波斯人开战。由于在旅途中被谋杀，他将永远无法到达此行的目的地，从而导致帝国进入又一个混乱的十年，直到戴克里先出现，最终恢复了帝国的秩序。

△ 经过几年的准备，一支人数超过 30 万的哥特军队开始入侵，但在尼什被克劳狄二世击退了

△ 奥勒良决心恢复罗马昔日的荣耀，迅速结束了芝诺比阿王后对独立的帕米拉王国的统治

生活和社会

LIFE & SOCIETY

随着罗马文化在不列颠传播，
这个岛国发生了永久性的变化——
然后一夜之间，罗马人离开了……

△ 对罗马神密特拉的崇拜遍及不列颠。这种解压方式诞生于伦敦的一座庙宇之中

神圣不列颠

SACRED BRITAIN

当罗马人横扫该地区时，他们带来了神和仪式

简介

米兰达·奥尔德豪斯－格林是卡迪夫大学考古学的名誉教授。2018年6月，她的新书《神圣不列颠：罗马不列颠的神祇与仪式》由泰晤士和哈德森公司出版。

在某事上缺乏证据不能证明其并不存在。尽管如此要弄清铁器时代不列颠的宗教信仰状况并非易事，这主要是因为其居民不识字，因此没有文字记载过他们对精神世界的态度，同时他们也没有留下神明的形象。在这个远在大洋（希腊人和罗马人认为它是环绕着“文明”世界的大河）另一边的偏远岛屿上，有一些零星的古典文学文献提到了一些神圣的仪式。但我们要谨慎对待这些记载，因为文字中充斥着对“野蛮人”的无知和偏见。将任何事物认定为类似前罗马铁器时代万神殿的任何概念都注定是错误的。

然而，与铁器时代诸神相关数据的匮乏相比，越来越多的证据表明，尤其在铁器时代晚期，祭祀习俗及相关从业者是存在的。前50—前41年间，恺撒写下了对德鲁伊教士崇高地位和影响力的评论，文中夹杂着某种隐晦的敬佩之情。虽然他描写的主要对象是他征服并统治了近10年的高卢，但他也记载了一些关于德鲁伊教的事情——据传，德鲁伊教起源于不列颠并传播到高卢。他可能于前55年和前54年在对不列颠的两次短暂访问中获得了这一信息。

铁器时代不列颠德鲁伊教的所有证据都是间接展现的。但在公元43年克劳狄入侵之前，不列颠仪式行为的复杂性表明存在着职业仪式主持者，他们通过履行圣职如占卜（辨别神的意志）和供奉祈愿礼物，如囤积的武器珍贵的珠宝（如公元前1世纪70年代埋在诺福克斯内蒂

“除了官方的国家神明之外，生活中人们还会向很多其他神明求助”

瑟姆的华丽黄金火炬）和其他埋在水中或深坑中的高级物品，来进入精神世界并与灵魂对话。这些不列颠祭司中的一些人死后留下了祭司服饰的残片，看形状是一些法杖和头饰。早在前 4 世纪，在北威尔士瑟里格德鲁迪翁的一个偏远地方，一位祭司去世，他的遗体旁陪葬了一个装饰华丽的法冠。

△ 不列颠境内确实存在皇帝崇拜——这尊克劳狄雕像被认为来自卡姆罗多姆（现代科尔切斯特）一座供奉他的神庙

如果铁器时代的不列颠诸神看起来是无形、模糊且不知其名的，那么当克劳狄皇帝决定将不列颠的“西部荒野”之地纳入到他庞大的帝国版图中时，情况发生了变化。因为在罗马（就像在希腊一样），精神领域是一座高度结构化的神殿，每座神殿都有特定的作用和功能。位于诸神顶端的是天空之主朱庇特，他统治着所有神明；玛尔斯是战神；狄安娜是狩猎和月亮之神；墨丘利是众神的使者、掌管繁荣；密涅瓦是智慧和手工女神；等等。除了这些官方认可的国家神明，还大量存在其他神明，人们会在生活的各个方面向他们寻求帮助。公元 43 年，罗马军队进军不列颠东南部时为其带来了罗马神明，许多来自外省，比如高卢、西班牙甚至更远的地方的士兵，也带来了自己家乡的神明。

由于其宗教表达的两个重要形式，罗马军队传到不列颠的各路神明都可以被清楚地辨认出来，这两个形式就是碑文（罗马人习惯在石头、金属或陶器上书写神的名字，内容通常带有恳求者提供给他们的信息）和肖像画（以人类或其他著名形式表现神）。这两个传统对不列颠人来说十分新鲜，它们还提供了与仪式和信仰有关的丰富知识。罗马军队带来了大量的主神和次级神。其中最突出的是朱庇特、玛尔斯、墨丘利和密涅瓦。但人们最重要的崇拜是帝国崇拜，还有对在位皇帝的精神崇拜。这与其说是宗教信仰问题，不如说是对帝国及其统治者的忠诚问题。

△ 这可能就是在萨默塞特发掘的罗马不列颠神庙的样子

但更有趣的是，不列颠人接受并适应了这些外来神明。公元1世纪，当大温泉寺建于巴斯时，罗马神密涅瓦与当地的首席女神萨利斯合而为一，萨利斯是温泉的化身。此外，在哈德良长城上，军队为他们的主神朱庇特修建祭坛，他们有时还会在侧面或背面雕刻一个轮子图案，以纪念一位受欢迎的高卢－不列颠太阳神，其象征符号（在铁器时代，这个图案出现在护身符和硬币上）就是这样的。

不列颠对外来神的操控及改造是有迹可循的，从铭文和图像中可以清楚地看出，罗马军人毕恭毕敬地从当地人那里了解他们尊崇的神明，希望此举能够保护那些在这些神明统治的土地上建造堡垒的外国士兵。罗马军队为供奉在本韦尔墙堡上的不列颠神安提诺基提库斯建造了一座神庙。

更重要的是，对罗马人来说陌生但显然起源于不列颠（和高卢）的神的形象似乎找到了一种“发声”方式，一种有形的身份，因为他们通过新的方式即碑文和肖像画把自己展现了出来。除此之外，我们还应该如何解释极为流行的对马之女神埃波纳的崇拜呢？为什么尽管埃波纳出身于不列颠，却作为骑兵和马匹的守护者被罗马骑兵热情地供奉着呢？她通常被描绘成一个披着斗篷的女性，骑着侧鞍，或者坐在两匹小马之间。而不列颠则以其他方式影响了对“罗马式”的

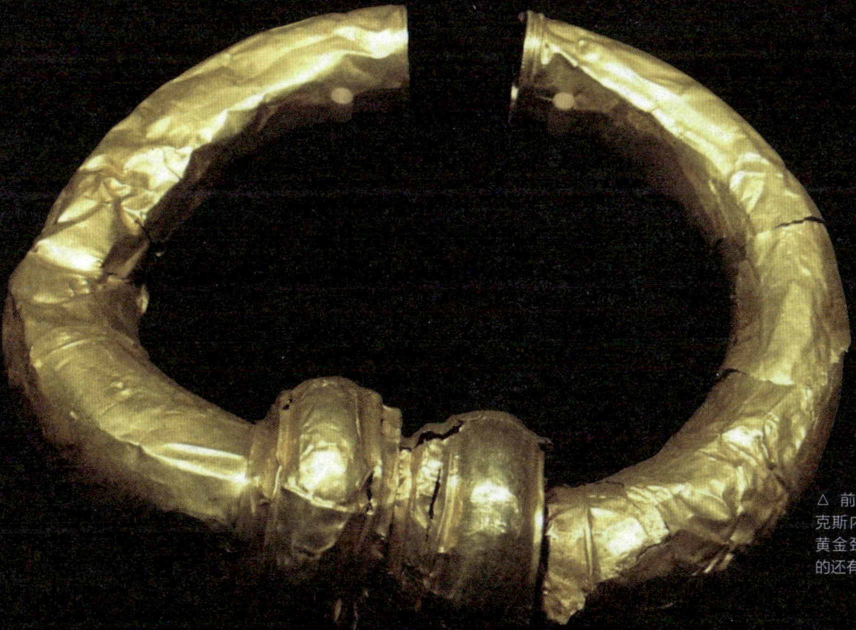
△ 前79—前70年，在诺福克斯内蒂瑟姆发掘出的巨大黄金颈环，与它一同被发现的还有100多条项链

△ 公元4世纪，在萨福克米尔登霍尔发掘出了一批珍贵的金属制品，这是其中的一个银盘，中央的圆形部分刻有巴克斯的头像

△ 这尊战神玛尔斯的雕像是在安东尼长城上的巴尔比迪发现的

定义，最显著的是在意象上强加了超现实主义。关于这一点，最明显的例证就是坎布里亚的马里波特。罗马士兵崇拜这位战神，但他并不是官方战神玛尔斯，而是一个赤裸的、雄性特征突出的人物，他挥舞着长矛和盾牌，顶着一对非常不像玛尔斯风格的角。

罗马帝国吸收的一些最具影响力的异教来自东方：埃及、叙利亚和波斯。其中在高层中最受欢迎的是波斯密特拉教，密特拉是一位与邪恶和黑暗力量进行永恒斗争的光明之神。密特拉教遍布包括不列颠在内的整个帝国，密特拉神庙建在主要城市和军事堡垒中。新的发现扩大了我们对这种专属男性的“秘密”宗教的了解：在卡利恩，布有孔洞的黏土祭坛碎片被用来照亮地下洞穴般的密特拉神庙。最近在苏格兰安东尼长城附近的因弗雷斯克发现了一座密特拉博物馆，这表明即使在帝国最北部地区，这种强调德行的异教也传播甚远。

不列颠也是羽翼未丰的一神教基督教的发源地，出现时间可能是公元2世纪或3世纪。罗马别墅的家庭教堂装饰有基督教马赛克铺石（如在多塞特的辛顿圣玛丽和弗兰普顿发现的）或壁画（发现于肯特的卢林斯通）。但最有趣的可能是1975年的发现——一大批用于礼拜仪式的金质和银质盘子，存于公元4世纪早期第一位基督教皇帝君士坦丁统治时期修建的一座教堂中。除了一个圣杯、碗、盘和一面旗子外，这处隐匿起来的珍宝中还

“波斯密特拉教
遍布包括不列颠在内的整个帝国”

有几块用小银片缀成羽毛形状的饰板，上面有醒目的金色基督教凯乐符号。像这样的饰板通常是由祈祷者供奉给异教寺庙的，上面的图案如此眼熟，似乎是沃特牛顿的神职人员故意将其“基督教化”的，也许是为了吸引信徒远离异教而皈依基督。但埋葬这批银器的行为是秘密进行的，此举很可能是为了躲避新基督教势力的迫害者。

△ 多塞特郡辛顿圣玛丽罗马别墅的基督教马赛克，在基督教花押字凯乐符号（由代表基督名字的前两个希腊字母 X<chi> 和 P<rho> 组成）前拼出基督的头像

圣帕特里克

一个鲜为人知的事实是，这位爱尔兰守护神出生于罗马不列颠晚期。他被带到爱尔兰当了6年的奴隶，逃跑之后，他回到爱尔兰，把基督教带回岛上，并声称自己曾让人们死而复生。当圣帕特里克节到来之时，爱尔兰人在衣服翻领上佩戴三叶草也是因为他——据说他用植物的三个尖端来解释圣三位一体的概念。

罗马人的生活方式

HOW THE ROMANS LIVED

古罗马的街道上充斥着各行各业的人，在帝国中，穷人和上层社会的人是截然不同的

努力工作，尽情玩乐。这似乎是许多罗马人的生活座右铭。我们普遍认为，罗马人是一个富有的、口齿伶俐的群体，他们拥有华丽的别墅和衣服。然而，事实上，这只是一部分罗马人的生活。与任何社会一样，在罗马生活和工作的普通男女（平民）与那些位于权力巅峰的人（贵族）过着截然不同的生活，他们居住在一个与贵族和精英阶层完全不同的世界里，接受的教育和享受医疗保健的机会十分有限。

今天，大多数关于下层阶级存在的物证已经消失殆尽。他们简陋的房屋和消逝的记载已被时间遗忘。但是，历史学家们仍然能够把罗马人的生活的形貌拼凑起来：他们吃什么，穿什么，在哪里洗澡，如何接受教育。

“在罗马生活和工作的普通男女（平民）与位于权力巅峰的人（贵族）过着截然不同的生活”

阶级行为：对立的罗马人

罗马社会是一个由森严的社会等级构成的复杂体系，其复杂程度远远超过了简单的贫富二分法。虽然我们熟悉皇帝、元老和他们之下的骑士的特权生活，但也许最有趣的阶层还是平民。

下层阶级的男人和女人是帝国的核心，但他们的工作却只能给他们带来很少的慰藉，这一现象并没有被忽视。前 494 年，贵族和平民之间发生了一场大争论，这场争论断断续续地持续了 200 年。那一年，平民威胁要离开罗马——事实证明这是一种毁灭性的撤退——贵族做出了让步。然而，在罗马人的心中，社会地位仍然存在差异，你的地位越低，你的生活就越糟糕。

在罗马，平民阶级之下是自由民和奴隶。奴隶没有公民身份，自由民要么获得了自由，要么自己购买了公民身份。

作为一个公民，罗马人享有相对舒适的生活和某些权利，他们能够投票、拥有财产、合法结婚、订立合同、起诉和在法庭上得到律师辩护，可以避免因除叛国罪以外的任何罪行而遭受酷刑或死亡威胁。然而，妇女的公民权较为有限。

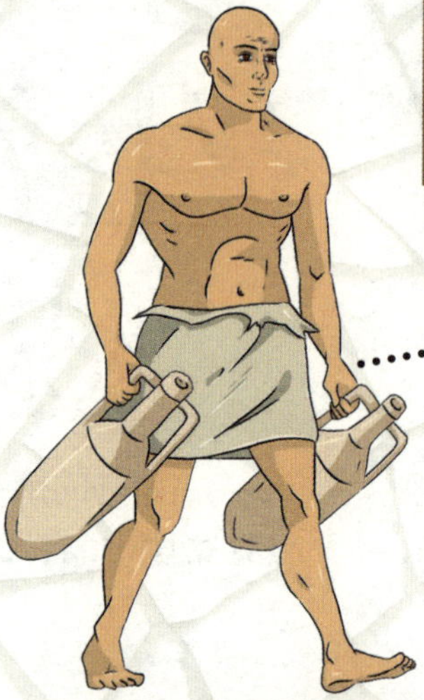

奴隶

受过培训的奴隶经常充当家庭教师或会计的角色，他们可以自己挣钱。那些不识字或缺乏技能的人则会忍受艰苦的体力劳动。在任何情况下，奴隶都是主人的财产。

女人

妇女被视为妻子和母亲，她们应该在年轻的时候结婚、生育并照顾家庭。她们在公共生活中的作用有限，但到了 1 世纪，她们获得了更大的自由。

自由民

那些被他们的主人认为有价值（或那些攒够钱买自由的人），最后合法地脱离奴籍的奴隶。自由民不能竞选公职，但可以合法结婚。

平民

基本指代罗马的普通公民，公元前 445 年通过的《卡努利亚法》允许他们与贵族通婚，并赋予他们更大的权利，但平民在最初依旧缺乏社会流动性和特权。

贵族

贵族是社会的最高阶层，但他们的地位更是一种历史特权。贵族家族声称，他们的历史可以追溯到罗马建立的时候（据推测）。

阶级生活

在这样一个残酷不公的城市里，贵族、骑士和平民是如何生活的？

如果在罗马有什么地方是众生平等的话，那就是公厕。在那里，百万人口中的95%坐着，聊天，做着最不洁的行为。在厕所的里，罗马人赤身裸体，没有丝毫隐私。他们扯下外衣，蹲在木头或石头上凿的大洞上方，用粘在棍子上的浸水海绵擦屁股，然后把它们扔进罗马的下水道系统中。

然而，回到街上，生活却截然不同。那里的等级制度非常完善。最高级的是高等罗马人：皇帝、元老——他们穿着一种叫作拉蒂克拉维（laticlavi）的宽条纹束腰外衣，还有穿着名为安古斯蒂克拉维（angusti clavi）的窄条纹束腰外衣的经济阶层骑士。但除此之外，普通的罗马人民和自由民及奴隶一样，穿着半圆形的毛料长袍。然而，自由民往往在皇宫中占有一席之地，他们可以提高自己的社会地位，获得更好的衣服。

平民眼中的罗马是真实的罗马，他们远离华丽的大理石别墅和特权阶级钟爱的宏伟建筑。毫无疑问，这种观点的产生源自他们居住的狭窄公寓。在拥挤的地区，许多人年复一年地住在一个房间里。对他们来说，罗马人生活在狭窄的街道、肮脏的高层阁楼、繁忙的酒馆及购买食物和必需品的商店之间。

这些区域散发着现烤面包和异国食物的气味，但也充斥着明显的汗味、血腥味和粪便味。罗马通常是一座喧闹的城市，在公共区域发生打斗，居民之间发生争吵，上演家庭暴力，并且有不断出现的火灾危险。特别是在城镇最艰苦的地方，任何幸福的时刻都可能被一件小事所破坏。

罗马当然不是一座虚伪的城市，总督和元老们一直在为镇压平民起义和不和谐因素而斗争。他们每周提供定量的粮食和娱乐活动以满足下层阶级的需求，那些节日的组织者或捐助者总是受到人们的高度尊重。

对穷人来说，罗马被视为一个现成的就业市场，它的街道被视为一个遍布黄金、泥

马尔库斯·图利乌斯·西塞罗

前106年1月3日—前43年12月7日

简介

罗马人之所以“高贵”，一个重要因素是他们的祖先，所以平民即便拥有大量钱财，仍然不被认为是贵族。罗马无法摆脱传统的划分方式，此举导致了骑士阶级的产生，就像我们今天的中产阶级一样。西塞罗生来就是个骑士，但他通过政治关系以及他作为一个伟大律师和演说家的名声，成功地成为一名元老。他的演讲和文章对罗马政治产生了很大影响，但一旦谈到低贱的平民——广大草根阶层（这个词在今天依然很流行）——他就会表现得很势利。他还会直言不讳地批评恺撒。

土和疾病的场所。许多建筑项目都迫切需要大量劳动力，所以很多人移民到那里找工作。市场成立后，罗马城迅速成为一个繁华的多元文化大都市，却不能建造足够的高质量住所。

几十万人在简陋的环境中生活，他们的大部分时间都是在公寓外度过的。整个罗马都是他们的家。

因为长时间与他人相处的缘故，平民以善于交际和粗野吵闹而著称。他们也可以容忍不同的种族和宗教。从罗慕路斯和雷穆斯建立罗马为外来者之城，邀请罪犯和逃亡者来此寻求庇护的那一刻起，外来者就融入了这座城市。人们很快就融入了繁忙的罗马生活中。

根据罗马传说，罗慕路斯和他的孪生兄弟雷穆斯是瑞亚·西尔弗和战神玛尔斯的后代

工人们会早起，为了一点儿钱而辛苦工作一天，并在其他地方寻找补充收入的方法。孩子们也会工作，男童做学徒，女童在母亲或女主人的监视下做家务，这些女孩通常穿着漂亮的短裙，腰间系着一条腰带。学校是收费的，主要为富人和特权阶层提供服务。然而，较贫穷的家庭会由父亲亲自教授儿子知识，教儿子们使用他们的行业工具。

因此，一代又一代的穷人，长大后基本上不识字，但技术水平却不低。男孩到了14岁，女孩到了12岁，就结婚了，成年为他们带来了很多好处。男孩可以被征召入伍，帮助罗马人征服和控制远方的土地，而女孩则在社交圈中活动，嫁到强大的家庭中去。

士兵们还为另一个目的服务。他们可以俘虏奴隶并把他们带回罗马。他们不以种族选择奴隶，而是基于力量、智力、实际技能或外表来挑选。虽然有些人成为劳工或变成角斗士或提供其他娱乐，但他们也可以在富裕家庭中从事体面的工作。例如，罗马人痴迷养生，许多希腊医生在公元前47年后以奴隶身份涌入罗马。除了让罗马人享受更好的医院治疗和外科医生的服务外，希腊人还促进了当地的医学进步。从某些方面来说，他们可能有点儿太过热情了，他们为了检验自己的理论而用病人做实验，这引起了罗马人的怀疑。但这些希腊医生比那些收费昂贵的庸医更可靠，庸医的手段实在是不太正规。

所有阶级的罗马人都享受着医疗带来的好处，即使处于食物链底端的奴隶也从某种程度上受益。这也表明，有技能的人作为奴隶被带到罗马，实际上是一个不错的职业选择。尤其是许多来自东方的人都很聪明也有文化，能够很容易地融入社会，为社会做出巨大贡献。事实上，一些负债累累的罗马公民会卖身为奴。一些奴隶也可以挣钱和存钱，以赎得自由或购买昂贵的衣服。到公元前1世纪，罗马人口的一半以上是奴隶和自由民。在这个时候，元老院提议奴隶们穿上符合他们自己特殊身份的外衣，但这项提议遭到了拒绝，因为看到一半的罗马人穿着这样的衣服可能会十分令人尴尬。

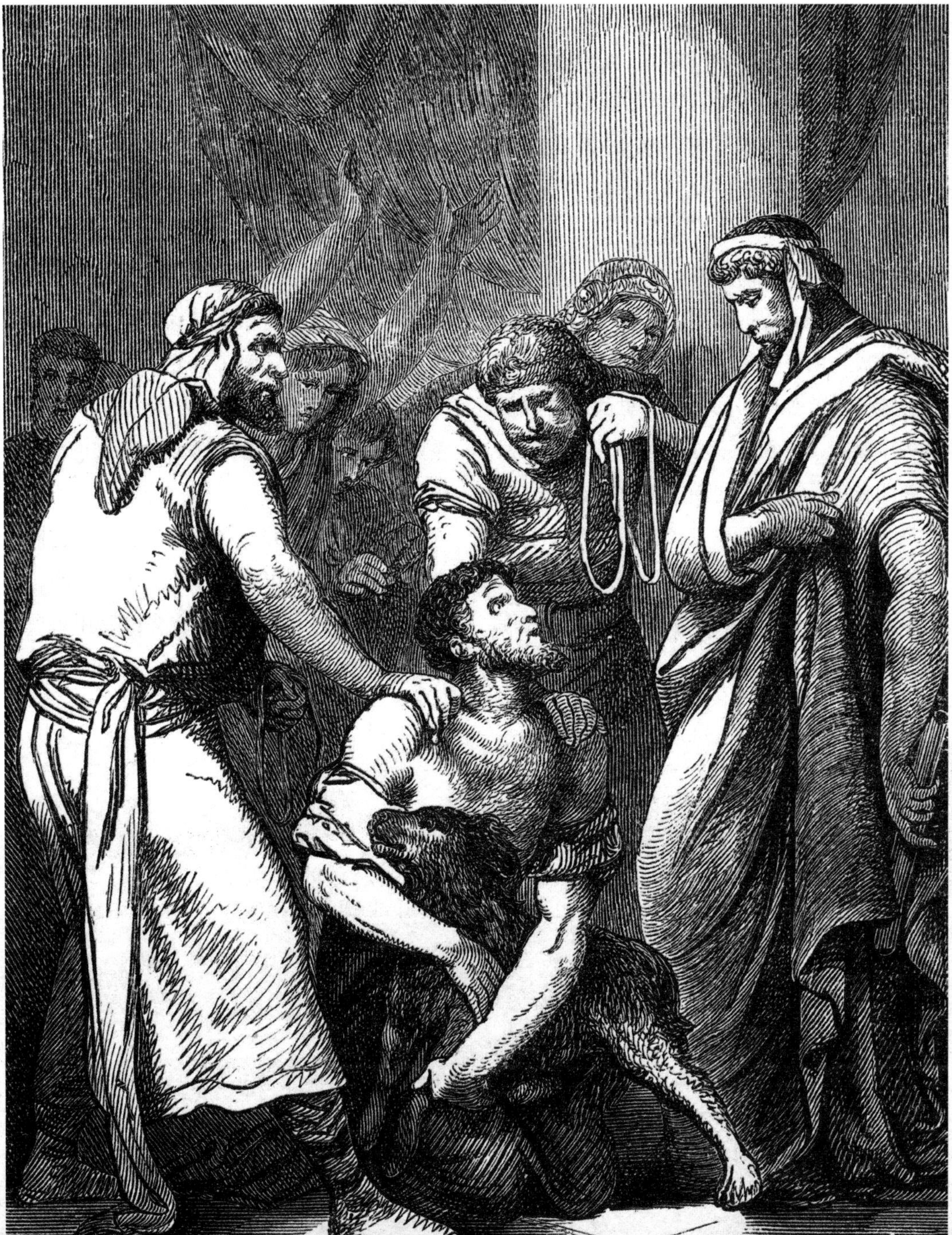

△ 这幅来自 377 年前后的木刻画显示，一个人为了养家糊口，将自己卖作一条狗的奴隶

壁炉、家庭和厨房

罗马人带来了新的家园、风景和生活方式

被罗马征服之前，不列颠主要由农村社区组成。大多数人居住在用泥浆、编条、灰泥、木材建成，用茅草做屋顶的圆屋里。室内不太可能设有单独的房间，所以里面的空间共享程度更高，特别是中心的暖炉。虽然有证据表明在罗马人到来之前此地就存在长方形建筑，但这种建筑很少见。在罗马统治不列颠的这段时间内，圆屋的数量不断减少，但依旧存在，甚至有 40% 的住宅保留了这种传统设计。

罗马人，特别是精英阶层，带来了一种既具乡村风情又有城市气息的文化，而精英阶层尤其需要在这两个世界中都占有一席之地：正如城镇和城市生活的发展是罗马化的重要组成部分一样，遍布乡村的别墅也是如此。Villa 被译为“农场”，但这个译法并不能代表全部情况：这并不是简单的农场，它们通常是乡村庄园，可能是重要的工业中心，甚至是某种乡村宫殿。它们更多的是用来展示权力和威望，而非耕种土地。这种乡村庄园

△ 牛津郡北罗马乡村庄园的废墟。庄园由 3 座建筑组成，其中一座被庭院环绕着，第四面则是走廊和门房。这座宽敞的庄园有 60 间客房，并自带浴室

△ 西苏塞克斯比格诺的一座乡村庄园中存有一幅复杂的美杜莎马赛克拼图。马赛克是不列颠建筑中一种豪华且象征尊贵地位的装饰，是传入不列颠的新技术之一

通常位于距离城镇 15 千米的范围内，让精英们可以享受城市和农村的双重世界。

乡村庄园通常被土堆和沟渠包围，朝向东、东南或南，以便在主卧室接受清晨的阳光。它们可以提供城市联排别墅无法看到的独特而宜人的乡村景色。

乡村庄园通常围绕着一个带有柱廊的庭院而建，虽然罗马建筑十分讲究对称，但此举通常会增加额外的翼楼和附属建筑。典型的乡村庄园是通过门廊或游廊进入的，门廊两侧通常有柱子，通向一系列的接待室、餐厅、厨房、图书馆和卧室。从主要房间可以俯瞰花园或庭院。装饰最豪华的房间通常铺有马赛克地板，朝向阅读区或建筑。地下供暖的形式在罗马不列颠的乡村庄园中极为常见。它们周围可能会有一个神龛、储藏室和浴室。

在城镇中，联排别墅是精英们的城市住所。在风格和装饰方面，它们与乡村庄园有许多相似之处，但由于城市格局较为紧凑，它们往往更注重私密性。联排别墅一个非常重要的功能是招待、娱乐和迎接客人。它们是围绕多米尼克·佩林博士所描述的“接待和移动层次体系”而建造的：门廊从熙熙攘攘的街道通向许多房间，最初是可以看到庭院的大型接待室，之后逐渐通向后面更私密、装饰更精美的房间，有可能是一个餐厅，只有最特别的访客才能进入。正如罗马建筑师维特鲁维乌斯在《建筑》一书中所指出的：“除非受到邀请，否则任何人不得进入私人场所：卧室、餐厅、浴室和其他类似性质的房间。相反，公共休息室是向公众开放，甚至无人招呼的。比如前厅、庭院、柱廊和类似用途的建筑。”使用立柱、拱门、自然光和更豪华的装饰标志着房屋建造的进步。

大部分联排别墅和乡村庄园是单层的，墙壁由石头砌成，顶部盖以木材或编条和灰泥，有柱子，外部是白色，屋顶是瓷砖或石瓦。

▷ 罗克斯特附近一座罗马别墅的复原品，这是一座更加豪华的城市风格别墅，为拍摄电视系列片《罗马不是一天建成的》而造，使用的是传统建筑技术

木质百叶窗覆盖着窗户，偶尔有些人家会使用玻璃窗。

不仅仅是精英阶层的家庭受到了罗马的影响。随着城市中心的发展，对矩形房屋的需求不断扩大：圆形房屋的间距不能很近，但矩形建筑可以紧凑地并列在一起。在不列颠，与罗马和意大利其他拥挤的城市不同，岛上并不需要大型多层住宅。城市房屋通常为单层，由编条和灰泥或木材建成。这些建筑包括“条形”建筑——长长的矩形建筑，前有商店或工坊，后有住宅。它们会有带木质百叶窗和带铁格栅的小窗户。在这些社会阶层低一些的人的住所里，更传统的壁炉可以提供急需的温暖。

这些简陋一些的住宅内也会设有接待室，这并不是什么稀罕事，尽管维特鲁维乌斯指出比精英阶层地位低一些的人对接待室的需求较少：“对于一个生活条件中等的人来说，华丽的前厅（门厅）不是必需的，影壁和中庭（庭院）也是不必需的，因为它们的使用者是那些需要和上流社会打交道的人。”

随着罗马统治在不列颠最终走向崩溃，城市房屋和乡村庄园逐渐被遗弃，年久失修，破败不堪。

△ 顾客们聚集在一个餐馆或是烹饪店（就是一个类似于快餐店的地方）内，那里为罗马的穷人提供热饭

民众的食物

富人用奴隶提供的一系列令人垂涎欲滴的食物来满足他们的味蕾，而穷人的饮食则较为清淡。大多数人无法享用贵族们使用的酱汁、昂贵的肉类和进口香料，因此只能选择便宜的替代品。

穷人依赖谷物、橄榄油和葡萄酒等主食，辅以面包、扁豆、蔬菜和粥。由谷类制成的扁平圆形面包“埃默”（emmer）很受欢迎，后来小麦面包被引进罗马。尽管有证据表明，在庞贝城和奥斯蒂亚等地的面包店已有动物拉磨的磨坊，但女性也会从事将谷物磨成面粉的劳动。

农民、猎人和渔民的饮食会更好些。由于没有宗教限制，他们可以随意吃。腌制猪肉很受欢迎，而腌制牛肉则不太常见。

罗马公民一天吃3次饭。他们早上吃早餐（jentaculum），中午吃午餐（prandium），晚上吃晚餐（cena）。晚餐是一天中最重要的时刻，人们会利用现有食材尽可能地制作出最好的晚餐。

贵族很喜欢举办宴会，他们每吃一口就会靠在沙发上放松。富人特别中意填充馅料的睡鼠，他们会在上面撒上蜂蜜和罂粟籽。由于缺少餐具，罗马人会用手吃饭，所以食物必须被放在方便的位置。在宴会上用左手吃饭被认为是不礼貌的。

01 从印度进口食品

根据1世纪的作者老普林尼——盖乌斯·普林尼·塞孔杜斯的描述，罗马人每年花费1亿塞斯特斯硬币，从印度、中国和阿拉伯半岛进口香料和香水。

02 高卢猪肉

极度珍贵的腌制猪肉是从高卢进口的，除此之外，高卢还以培根闻名。尽管英国也有充足的猪肉供应，但罗马人认为高卢的牲畜更好。

03 吃小麦

对于帝国来说，小麦十分重要，因为小麦养活了包括军队在内的数百万人。为了应付需求，帝国需要大量进口小麦。据说庞贝城被毁时，城内需要大约25万吨小麦。

04 在地中海捕鱼

无论是新鲜的、干的、腌制的还是熏制的，地中海的鱼都大受欢迎。它比其他肉类更贵，用淡水和咸水池塘来人工养殖鱼类更为便宜。

罗马军队

THE ROMAN ARMY

不列颠被占领期间，军队一直持续运行

与罗马帝国控制的其他地区一样，不列颠士兵被划分为军团和附属辅助部队。前者由大约5500名罗马公民组成，几乎所有人都是步兵，入伍需固定服役25年。

军团由众多辅助部队补充，这些辅助部队由非公民组成，他们来自帝国周围的许多非罗马民族。话虽如此，服役结束后，薪水较低的辅助人员有权获得罗马公民身份。到公元2世纪中叶，仅在不列颠就有大约4万名辅助骑兵驻扎在全省各地，辅助骑兵在骑兵中占很大比例。

公元1世纪和2世纪，罗马军团在不列颠的大部分兵力来自3个军团：奥古斯都第二军团、第六凯旋军团和第二十英勇凯旋军团。

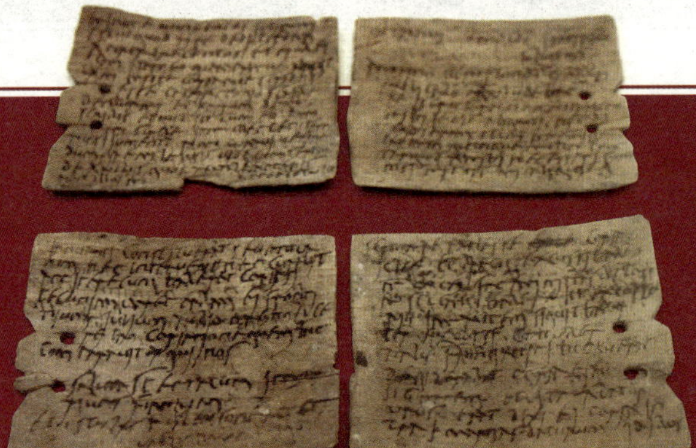

文德兰达的士兵

在罗马要塞所在地文德兰达的发掘中，人们发现了大量木质书写板，上面书写着字母，大多数是用灌了墨水的钢笔在木板上撰写的。这些书板让人们对罗马边疆的军队生活有了超乎平常的了解，而且它们所包含的并非都是严格意义上的军事内容。其中一块字板可以追溯到公元100年前后，讲述了另一位要塞指挥官的妻子向苏尔皮西亚·莱皮迪纳发出的生日邀请，苏尔皮西亚的丈夫是驻扎在文德兰达要塞的巴达维第九辅助步兵队指挥官弗拉维·西里亚里斯。另一块字板上有一名骑兵军官向西里亚里斯索要更多啤酒的请求。

这些字板一般可追溯到公元90—120年，当时这处要塞是两个辅助步兵队的基地：通厄姆第一辅助步兵队和前文提到的巴达维第九辅助步兵队。由于埋藏在低氧土壤中，这些木板保存得非常完好，这是迄今为止发现的最大的拉丁文字母藏品。大量的字板也表明许多罗马士兵是识字的。

△ 不列颠乡村哈德良长城的罗马要塞（39 号里堡）遗迹

军团的主要基地位于伊斯卡（威尔士卡利恩的奥古斯都第二军团）、德瓦（英格兰切斯特的第二十英勇凯旋军团）和埃伯拉肯（英格兰约克的第六凯旋军团），每个堡垒的战略位置都使罗马人能够控制周围的领土。

罗马人修建的坚固道路将不列颠各地相连，这些道路连接着军队的许多基地，使穿越该省的行动更快、更容易。军团的存在有助于加快不列颠的罗马化进程，因为它们通常配有尖端设备。例如，军队要塞中有加热浴缸，这在罗马士兵和平民中都很流行。

保卫边境

罗马不列颠北部最初由几座要塞负责守卫，但在哈德良皇帝统治期间，他认为有必要设置连续的防御屏障以防止生活在罗马控制之外的不列颠人的袭击。122 年，罗马人开始修建石墙，6 年后终于完工。哈德良长城以主持修建的皇帝的名字命名，从泰恩河河畔的纽卡斯尔延伸至索尔韦湾，东西绵延约 118 千米。

驻军要塞位于长城以南不远的地方，靠着从卡莱尔到科尔布里奇的斯坦尼盖特公路，其中一个斯坦尼盖特要塞城镇便是文德兰达。城墙内外设有许多辅兵单位。这道城墙并不高，它的好处是让罗马人能够管控进出该省的交通，并防止来自北方的部落掠夺者进入不列颠、袭击罗马人的防御工事或偷走牲畜。

值得注意的是，罗马人在哈德良长城建

成后的几十年内就废弃了它。142年，另一道更短、更简单的防御屏障安东尼长城在苏格兰南部以北约113千米处开始修建。这个重大工程本没有理由继续下去，但罗马出于安全考量，需要将帝国的控制权向北延伸到不守规矩的不列颠人身上，这便是最正当的理由。

长达60千米的安东尼长城以皇帝安东尼·庇护命名。它从东部的福斯湾延伸到西部的克莱德湾，远不如哈德良长城复杂：主要是一座3米高的草皮城墙，布满要塞，前面有一条深沟。建筑工程由当时驻扎在不列颠的罗马军团士兵进行施工，他们分别来自奥古斯都第二军团、第六凯旋军团和第二十英勇凯旋军团。军团留下了雕刻的石头“距离板”，以表明是哪个罗马军团建造了这段城墙。

然而，安东尼长城并没有长期发挥作用。162年，城墙被遗弃，军团返回南方重新驻守哈德良长城。

帝国暮年

罗马帝国发现自己在2—5世纪面临越来越大的压力。外国人入侵抢占先机，军队很难阻止所有的侵略活动。208年，塞普蒂米乌斯·塞维鲁皇帝亲自率领一支军事远征队进入现代苏格兰，对抗居住在边境北部不断制造麻烦的卡莱多尼安人。

3世纪末，原本包括高卢和日耳曼行省的罗马帝国一分为三，而不列颠此时短暂地成为三个部分之一。这个帝国的残余部分于296年强行回到帝国的控制下，当时其叛军统治者阿列克图斯在战斗中被杀死。

4世纪，撒克逊人的袭击越来越频繁，破坏性也越来越大。一名罗马指挥官，即撒克逊海岸伯爵，被赋予了保卫不列颠西部和英吉利海峡免受海上袭击的责任。

最后一支罗马军队将于407年从不列颠撤走，当时罗马指挥官君士坦丁三世与他们一起越过英吉利海峡到达欧洲大陆。410年，不列颠居民请求罗马击退撒克逊袭击者，被西罗马皇帝霍诺留拒绝。罗马军队再也没有回来。

△ 安东尼长城分布着17个要塞，有6000～7000人驻扎在那里

罗马统治的终结

THE END OF ROMAN RULE

尽管晚期西罗马帝国将不列颠视为只需后一步考虑的存在，但它是一些最麻烦的叛乱的源头，它将彻底从罗马帝国中脱离出来

367年，罗马不列颠行省终结于一场“野蛮人阴谋”，因为该岛同时遭到北方的皮克特人、西部岛屿的阿塔科蒂人、爱尔兰的苏格兰人，以及东南海岸的撒克逊和法兰克海盗的袭击。这对不列颠来说是敌人的第一次联合进攻，却足以攻克此前坚不可摧的哈德良长城。联合进攻的成功源于背叛——驻扎在边境的罗马游骑兵、侦察兵和间谍临阵叛逃。他们不但没有就即将到来的危险做出警告，反而收受贿赂，向袭击者提供部队调动的信息，并允许他们带着战利品、奴隶和牲畜逃离。面对这种背信弃义、多管齐下的攻击，即使是最勇敢的罗马人也被迫逃散——他们在乡

△ 灾难性的阿德里安堡战役给罗马人带来了伤筋动骨的致命打击，最终导致皇帝瓦伦斯的死亡

▽ 罗马之劫是亚拉里克的最后一次反抗行动，他从未实现保卫人民土地的梦想

间游荡，或者“无限期地离开”。奴隶们也挣脱了束缚，竭尽所能地掳掠。两年来该岛一直处于无政府状态。

作为回应，罗马人派遣狄奥多西伯爵越过英吉利海峡，率领4支部队前往伦敦，追捕那些已经分崩离析并且携带着过重战利品的劫掠者。当更多的增援部队从欧洲大陆抵达时，逃兵们返回营地并得到了赦免。光是他们的联合出击就足以将蛮族赶回老家，给狄奥多西重新组织，恢复不列颠城镇、堡垒和防御工事的时间。

首先，他撤下叛国的侦察兵，并放弃哈德良长城以外的前哨，建立了一个由友好的北方部落和藩属王国组成的缓冲区。他对这堵墙进行整修，修建了新的厕所、浴室和粮仓，还彻底重建了许多其他部分。在其他地方，幕墙、高架桥、塔楼、环墙和土城墙也得到了极大的改善。又向南，他修复了战略要塞和城镇，在城墙上增加了支撑弹射器和弩炮的塔楼，同时用信号站和瞭望塔加固南部海岸线。不列颠岛从未如此繁荣过，是罗马人雄厚的财富支撑起了这些改造蓝图。此外，此地人力严重短缺——这是一场日益恶化的帝国危机的征兆。

382年，狄奥多西伯爵之子，即东罗马皇帝狄奥多西，侥幸打败哥特入侵者联盟。然而，他并没有完全击败他们，而是签署了条约，将部落划分为敌人和友军。毁灭性的阿德里安堡之战导致东方帝国兵力严重不足，狄奥多西越来越依赖他的蛮族佣兵。帝国幸存下来，但一年后，西罗马帝国皇帝瓦伦提尼安一世去世，他的儿子格拉提安继任。这位年轻的皇帝对蛮族辅兵的优待使他极不受欢迎，因为他不停地给予蛮族以地位和财富。

◁ 斯提里科被处决和随后对其盟友的屠杀导致许多人投入亚拉里克的阵营，加速了西罗马帝国的灭亡

△ 367 年，不列颠沦为野蛮人阴谋的牺牲品，袭击者通过行贿翻越哈德良城墙，掠夺该省

△ 383 年，篡位者马克西姆斯横渡英吉利海峡，带走了来自奔宁山脉、北威尔士和切斯特的驻军

在伊比利亚将军马格努斯·马克西姆斯的带领下，长期酝酿的不满情绪最终在不列颠岛上爆发。他在队伍中缓慢晋升——甚至可能在狄奥多西伯爵手下服役——赢得了部下的钦佩，随后被拥立为帝。

马克西姆斯带着来自西奔宁山脉和北威尔士的驻军以及来自切斯特的军团横渡英吉利海峡。他拆除了哈德良长城，将其防御权交给友好的北方王国沃塔迪尼王国和斯特拉斯克莱德王国，同时在苏格兰西南部建立了诺瓦泰王朝。他很可能也在威尔士建立了王朝，以帮助填补切斯特军团留下的空缺。除了岛上最伟大的军官和战士外，许多不列颠志愿者也加入了他的行列，在莱茵河上，他如同英雄般受到士兵们的欢迎。他的军队压制住敌人，在巴黎附近经历了 5 天的冲突后，格拉提安的主要将军叛逃到马克西姆斯身边。格拉提安逃向阿尔卑斯山，结果在里昂附近被捕并被处决，马克西姆斯控制了不列颠、高卢和西班牙。获得胜利后，他邀请格拉提安同父异母的弟弟、当时统治意大利的共治皇帝瓦伦提尼安二世像“父子”一样在他身边与他共事。他还写信给狄奥多西，要求对方承认他是西方皇帝，若不答应便刀兵相向。

走投无路的狄奥多西别无选择，只能安抚篡位者——离开多瑙河将为蛮族入侵敞开方便之门。384 年，他承认了马克西姆斯，发行了印有他们两人姓名的硬币，并在公共场合展示了他们的肖像。就在几年后，马克西姆斯对瓦伦提尼安发动了一次突袭，将他赶往巴尔干半岛。388 年，马克西姆斯抵达米兰，担任执政官，正式将西罗马帝国视为自己的国家。另一方面，狄奥多西则“忍无

◁ 不列颠的人力资源被剥夺之后，像西格杜努姆这样靠近哈德良城墙最东端的堡垒被遗弃

可忍”。发动闪电战后，他彻底击败了马克西姆斯——两次在南斯拉夫击败他，并在阿奎莱亚将其逮捕。马克西姆斯被用锁链拖到胜利者面前，随后受到斥责并被处决。那些和他一起离开不列颠的人再也没有回来，使得 10 年前防御得到加强的不列颠变得一无所有。西奔宁山脉、威尔士和切斯特的要塞都被废弃了，其他地方都只留下小部分驻军。

瓦伦提尼安被杀后，狄奥多西暂时统一了东、西罗马帝国，这是罗马历史上的最后一次统一。他的死将标志着罗马帝国衰落和崩溃的关键时刻，因为 395 年罗马帝国再次被他的儿子——西方的霍诺留、东方的阿卡狄乌斯分裂。霍诺留只有 10 岁，责任落在了他的监护人弗拉维·斯提里科身上，他是一个与皇室结婚的汪达尔人。当时，整个帝国 40% 的军队驻扎在西方，但其 2/3 的税收负担由东方承担。尽管斯提里科试图为了共同利益统一帝国权力，但阿卡狄乌斯也有自己的想法。

狄奥多西死后，帝国的西哥特人联盟在新国王亚拉里克的支持下起义，进攻马其顿和色雷斯的东部领土。第二年，匈人袭击了叙利亚和小亚细亚。斯提里科急于支援，向东进军反击哥特人，却收到阿卡狄乌斯的无耻来信，命令他将军队派往君士坦丁堡，然后向西返回。阿卡狄乌斯未能阻止哥特人在希腊和伊庇鲁斯之间的侵略，最终被迫授予亚拉里克一个官方头衔和一张允许他掠夺该地区城市和武器库的许可证。

401 年，斯提里科正处在权力巅峰，亚拉里克将野心目标转向西方，他的军队迅速带来了一场席卷整个西罗马帝国的掠夺式袭击浪潮。汪达尔人和阿兰人摧毁了雷蒂安和诺里库姆，哥特人正在洗劫意大利，斯提里

◁ 虽然狄奥多西皇帝再次统一了东、西罗马帝国，但在他死后，这两个帝国永远地分裂了

△ 霍诺留 10 岁时继承西罗马帝国，在处决了他的监护人斯提里科之后，他向世界证明自己是一个灾难性的领袖

△ 476 年，奥多亚塞迫使西罗马皇帝罗慕路斯·奥古斯都退位，自立为意大利国王

西罗马帝国的崩溃

到 455 年，西罗马帝国正在崩溃——它失去了不列颠、高卢、西班牙和北非大部分地区的大片领土。那一年，罗马再次被洗劫，这次是被盖萨里克领导的汪达尔人洗劫。他们蹂躏这座城市两个星期，剥夺了它所有的财富——这次掠夺是如此贪婪残暴，以至于催生了一个词“恣意破坏”（vandalism），字面意思就是“汪达尔主义”。从镀金的屋顶瓷砖和家具到帝国最古老的文物，所有东西都被偷走并运往迦太基。

尽管东罗马帝国皇帝利奥尽了最大努力恢复西方昔日的辉煌，但 476 年它最终还是受到了奥多亚塞的致命打击。奥多亚塞是一名从罗马军队中崭露头角的德意志战士。他的部下拥立他为国王，推翻并放逐了西方皇帝罗慕路斯·奥古斯都——自从他父亲被处死后，罗慕路斯就一直坐在皇位上。作为意大利国王，虽然奥多亚塞向东罗马帝国皇帝芝诺效忠，但他不承认已被废黜奥古斯都称号的西罗马帝国皇帝尤利乌斯·尼波斯。当奥多亚塞于 493 年被谋杀后，西罗马帝国正式解体，只剩下拜占庭人留在东部。

科绝望地从领地上征召士兵。尽管他曾派遣海军远征队击退苏格兰人、皮克特人和撒克逊人，但在面对这一严重的生存威胁时，即使是驻扎在帝国最遥远边境的人也被拖上了前线。霍诺留也从意大利西北部的米兰迁往东海岸的拉韦纳。这一举动将帝国的注意力从高卢和德意志顶级士兵的主要来源地转移到了东北部的威胁之上。由于他的军队大部分由蛮族辅助部队组成，斯提里科勉强坚守，将亚拉里克赶出了意大利。

405年，西哥特人正休养生息，东哥特人则尝试越过阿尔卑斯山入侵意大利北部。斯提里科的军队是由精疲力竭的军团拼凑而成的，其中有阿兰人、匈人、哥特人甚至奴隶志愿兵，但其规模太小，无法对抗敌人。入侵者成功突袭后，斯提里科开始向西方提出对与意大利半岛接壤的东部伊利里亚大区的主权要求。他们与东方的关系长期恶化，该地区将提供稳定的军队供应，并协助意大利国防。为此，斯提里科甚至向亚拉里克伸出橄榄枝，要求他抓住伊庇鲁斯。然而，他的阴谋遇到了一大群人的阻挠，那就是阿兰人和苏维汇人，他们穿过了已结冰的莱茵河上游留下的真空地带，继续破坏被帝国忽视的西部省份。当他们蹂躏这片土地和土地上的人民，一直推进到西班牙的时候，勃艮第人和阿拉曼尼人越过边界来到了上日耳曼尼亚。

不列颠被剥夺了防御能力，现在与帝国完全隔绝了。几年前，罗马货币停止在英吉利海峡流通，岛上也不再有罗马造币厂。在没有供应链的情况下，分散在100个不列颠要塞上的少数士兵仅靠周围乡村所能提供的一点儿补给来生存。在这种压力下，农民背井离乡，越来越多的士兵落草为寇，逃兵越来越多。绝望中，离开不列颠的罗马人投票选出了新政府，推举马库斯为他们的皇帝。他愤怒于爱尔兰至高王尼尔“尼尔上王”将离开不列颠的罗马人屠戮殆尽的行为，然而，

△ 篡位者马克西姆斯将军团从切斯特带到高卢，与格拉提安开战，任凭这处大型要塞被废弃

△ 重建不列颠防御工事时，狄奥多西伯爵确保沿着哈德良长城新建了一些厕所和浴室

△ 到了5世纪，罗马货币已经停止流入不列颠，此举迫使士兵逃离不列颠或沦为匪盗

△ 随着撒克逊人和法兰克海盗不断重创南海岸，信号站在不列颠的防御中扮演了越来越重要的角色

△ 罗马军队从不列颠撤军之后，越来越多的不列颠人留下来自谋生路

他很快被暗杀，继任者是当地贵族格拉提安，尽管格拉提安有一名私人警卫，但仅仅4个月后他也被谋杀。最后，皇位落在了幸运的君士坦丁手中，他自称君士坦丁三世，继承了“君士坦丁大帝”的血统。

君士坦丁不满足于统治该岛，他将目光投向东方。他把保卫不列颠的任务委托给了两名军官，并迅速前往高卢，他计划在那里重新整顿罗马军团，收复高卢和西班牙，并争夺霍诺留的皇位。此后，蛮族部落分裂成了多支突击队，让君士坦丁在前往阿尔卑斯山的途中得以冲过莱茵河，尽可能加强莱茵河的防御。霍诺留对君士坦丁的成功速度感到震惊，他任命了一名哥特首领负责守卫西方，尽管他很快被打回了意大利。

与此同时，由于厌倦了等待斯提里科的援军，408年冬天，亚拉里克从伊庇鲁斯撤军，并向斯提里科寄送了驻军费用账单。斯提里科将其提交给元老院，并警告说若是不从，唯一的选择只能是开战，最终元老们同意送去4000磅黄金。这桩丑闻发生后，斯提里科逐步丧失了对元老院和军队的严密把控权。东罗马帝国皇帝阿卡狄乌斯的去世让局势变得更加动荡。霍诺留希望迅速前往君士坦丁堡一统两个王国，但斯提里科说服他派自己前往。一路上都有谣言称斯提里科打算让自己的儿子登上东方帝位，致使霍诺留的士兵发生暴动并谋杀了这名忠实的皇帝支持者。收到逮捕令之后，斯提里科回到拉韦纳，躲在教堂里，直到皇帝下令将其赦免。但他一现身就知道，尽管手握赦免书，但霍诺留还是指示手下当场处决他。斯提里科遣散了手下之后坦然赴死。

随后，霍诺留屠杀了数十名斯提里科的下属及其家人，近3万名惊慌失措的前部落联盟中的哥特人投奔亚拉里克。斯提里科死后，他派西哥特领导人去高卢与君士坦丁作战的计划失败了。亚拉里克错失良机，十分恼火，反而提出返回潘诺尼亚，以换取黄金和人质。罗马人的犹豫不决让他深感失望，他邀请他

△ 随着地主和供给的突然消失，恢宏的不列颠罗马别墅很快就失修败落了

△ 格拉提安对蛮族援军的优待激怒了他的部下，直接导致了马克西姆斯在不列颠的起义和他自身的死亡

的姐夫阿陶尔夫与他一起向罗马进军，洗劫沿途的每一座城堡和城镇。在围困之下，罗马城内遍地饥荒，尸体腐烂在街上无人埋葬。当他们色厉内荏地警告亚拉里克，每个公民都准备殊死一搏时，亚拉里克笑道："最厚的草比最薄的草更容易割断。"最终，他们妥协了，向哥特人提供了5000磅黄金、3万磅白银、各种其他奢侈品和一项包含人质在内的条约。

亚拉里克撤退后，霍诺留非常绝望，作为对其帮助自己反击哥特人的回报，他承认君士坦丁是他的平帝。然而，当霍诺留处决了他的骑士统领后，君士坦丁撤退到高卢——避免在战斗中面对亚拉里克，或者他那喜怒无常的平帝。当亚拉里克提出进一步要求时，霍诺留全盘拒绝，引发了亚拉里克对罗马的又一次围攻，致使元老院与亚拉里克组成了一个由哥特人选择的皇帝领导的新政府。然而，这次尝试以灾难告终，亚拉里克舍弃了新皇帝的位置，在厌倦了与霍诺留谈判之后第三次进军罗马。他洗劫并焚烧这座城市长达3天，他一生都在努力为自己的子民争夺土地，这一刻，他积郁多年的这种情感彻底释放了出来。不久之后他便去世了，他的兄弟继承了皇位，带领哥特人进入高卢。普罗科匹厄斯写道，霍诺留愚蠢到当一个宦官告诉他罗马已经灭亡时，他以为自己最喜欢的鸡（名字也叫罗马）死了，并回答说："我刚刚还喂过它呢！"

与此同时，君士坦丁的儿子君士坦斯得知他的西班牙驻军背叛了他，与汪达尔人、苏维汇人和阿兰人结盟。更糟糕的是，帝国最资深的将军拥立自己的儿子马克西姆斯为帝——411年他与蛮族会合，在维也纳击败并杀死了君士坦斯。霍诺留派遣军队对付所有的西方篡位者，首当其冲的便是马克西姆斯和他的父亲，他们的人立即叛逃回到帝国军队，其次便是君士坦丁。包围高卢南部首府阿雷拉特并击败了一支救援军后，霍诺留抓住了这个篡位者，为保性命，君士坦丁抛弃皇权，成为一名神职人员。虽然这个花招可能拯救了他的灵魂，但并没有拯救他的生命，他在返回意大利的途中被处决。

趁君士坦丁逃难之时，撒克逊人再次进攻不列颠。在毫无防备的情况下，不列颠人武装起来并击退了入侵者。成功后，他们驱逐君士坦丁的行政人员，进而摆脱了帝国的枷锁及其法律，此举掀起了高卢各地的农民起义浪潮。尽管尽了最大的努力，这些没有战争经验的不列颠人还是无法与无情的撒克逊战士相匹敌，他们袭击了不列颠岛的海岸。不列颠人希望与霍诺留这位合法皇帝恢复正常关系，于是写信给他，恳求他守卫这座岛城。然而，霍诺留自身难保，回复说，他们应该“自食其力”。

从帝国分离出来的罗马不列颠文明彻底崩塌了，边境要塞和城墙被遗弃；被抛弃的城镇沦为废墟；富丽堂皇的别墅失修败落；矿山和采石场关闭；大规模生产的陶瓷窑炉化作尘埃。西罗马帝国被东日耳曼尼亚将军奥多亚塞击溃之前，仅仅苟延残喘了65年。在随后的权力真空期中，那些曾经满足于掠夺不列颠土地的蛮族很快就决定在此定居。一时群雄逐鹿，没有出现一位可以力挽狂澜的霸主，小型政权遍布，不列颠人在各色暴君身后联合起来，与外国侵略者为争夺一个新的、充满未知数的主导权而战斗。

罗马不列颠殖民地的命运

虽然罗马的不列颠要塞开始崩溃瓦解，但并非所有据点都遭受着同样的命运。尽管许多据点很快就被遗弃了，但更大的定居点，如维鲁拉米恩和赛伦塞斯特，以及泰晤士河上的小城镇卡特里克和多切斯特，继续存在了几十年。然而，需求促进了空间使用方式的转变。

在维鲁拉米恩，一座大型别墅内曾藏有一幅巨大的马赛克装饰画，现在却放着一个玉米烘干炉——这表明，随着秩序的崩溃，收集粮食并将其藏在安全地带是一件迫在眉睫的事。这座别墅后来被拆毁，取而代之的是一个用罗马方式建造的大谷仓，用的材料是从早期建筑中挑选出来的碎瓦。该遗址还拥有一个带有铁环接头的木质管道网络，这表明该镇的罗马式渡槽和喷泉仍在运转。

随着贸易衰落，地主四处逃散，城镇变得越来越荒凉，越来越依赖地方保护势力。然而，这些城镇最终也衰败了，其中一些城镇，如诺里奇的凯斯托尔，可能在大屠杀中被摧毁了。其他地区，包括泰晤士河上的坎特伯雷和多切斯特，则在新日耳曼定居者到来后获得发展。与此同时，约克繁华的罗马要塞持续运作了几个世纪之久。

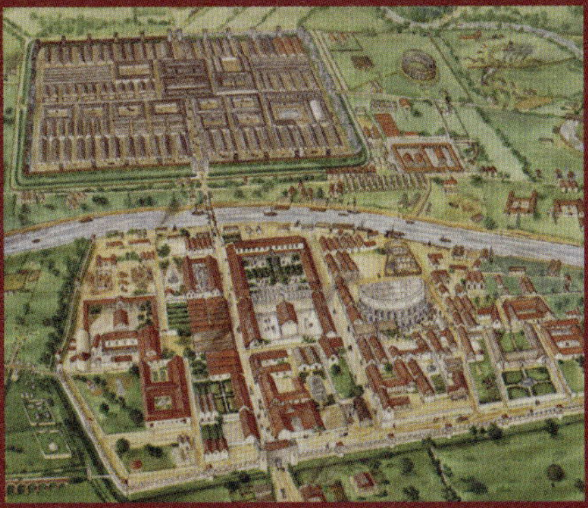

△ 一些定居点，如约克要塞，在罗马崩溃后很快就有人居住了

罗马的发明
ROMAN INVENTIONS

罗马人为如今的我们做出了什么贡献呢？
他们驱除疾病，
修建道路，还发明了福利制度。
然而这只是他们所做的一小部分而已

查士丁尼一世皇帝

482—565 年，拜占庭
（东罗马帝国）

查士丁尼大帝是一位拜占庭皇帝，他负责改编了《民法大全》，而《民法大全》至今仍是英国民法的基础。

道路

发明 / 首次使用年份：公元前 500 年

为了让军事器械快速通行，罗马人修建了 5 万多英里的铺面公路，仅连通罗马的主要公路就有 29 条。罗马的道路由泥土、碎石和砖块建成，非常坚固，至今仍有许多道路处于使用状态。道路修建时路面有一定的弯曲度，以便排水。罗马军团能够每天行进约 25 英里，这些道路有助于帝国在南欧大部分地区扩张。

日历

发明 / 首次使用年份：公元前 46 年

早期的罗马历法是从希腊的月相模型中借鉴而来的。然而，迷信的罗马人认为偶数不吉利，因此修改了日历，以确保每个月包含的天数为奇数。此后，公元前 46 年，恺撒和天文学家索西琴尼一起设计了儒略历，使历法与太阳年一致。在这个过程中，一年共分为 12 个月（包括以恺撒的名字命名的 7 月），一年的天数从 355 天增加到 365 天。

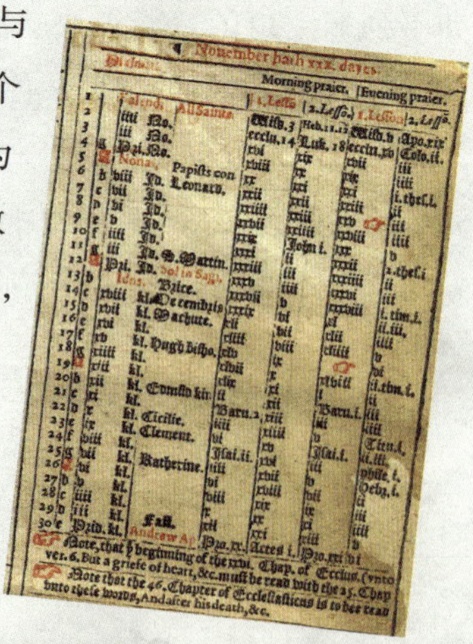

混凝土

发明 / 首次使用年份：
约 2100 年前

罗马竞技场和万神殿等建筑都是伟大的建筑师和多产的建设者建造的，它们之所以在几千年后的今天仍然屹立不倒，要归功于一种早期的水泥，即所谓的“罗马混凝土”。制作这种水泥要先用熟石灰和火山灰混合成黏糊状物，然后再与火山岩混合，它凝结得很快，能够建造一些令人叹为观止的建筑。

福利制度

发明 / 首次使用年份：
公元前 122 年

为不太富裕的人提供补助食品、教育和其他开支的政府计划可以追溯到古罗马。这些福利计划最初是保民官盖约·格拉古提出的，他命令罗马政府向公民提供价格低廉的粮食。这一福利制度在图拉真统治时期继续实行，图拉真的补助计划是为了给孤儿和贫困儿童提供食物、衣服和教育。代币制度还允许穷人以低廉的价格获得玉米、石油、葡萄酒和面包。

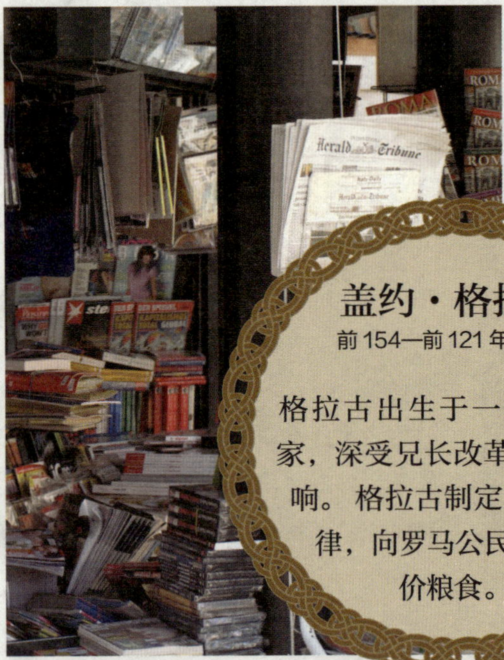

报纸

发明 / 首次使用年份：公元前 131 年

尽管我们很难想象罗马人通过阅读某种古老的类似《太阳报》的报纸来了解一些早期名人杂谈，乐此不疲，但他们确实在金属或石头上刻下了详细描述军事、法律和民事问题的文字，并疯狂地向公众展示。这些早期的报纸被称为《罗马公报》。报纸内容包括罗马军事胜利的细节、出生和死亡通知，以及角斗的结果。它们被张贴在人口稠密的地区供公众阅读讨论。

盖约·格拉古

前 154—前 121 年，罗马

格拉古出生于一个政治世家，深受兄长改革政策的影响。格拉古制定了一项法律，向罗马公民提供廉价粮食。

拱门和渡槽

发明 / 首次使用年份：公元前 312 年

罗马建筑师发现，拱形结构可以支撑巨大的重量，因此将拱门结构应用于整个罗马帝国的建筑中。它们不但有着令人惊叹的外观，而且结构坚固，经得起时间的考验。拱门对于渡槽也至关重要，因为拱门可以帮助支撑建筑结构，形成一个向下的斜坡，使水能够流入合适的位置。只消稍稍了解一下罗马建筑，就能证明拱门在罗马各行各业中的重要性。

下水道

发明 / 首次使用年份：公元前 735 年

罗马人在开拓水道，让淡水流入罗马城市的同时，也开发了早期的下水道系统，将人类的废物垃圾带出城市，以消除洁净水受到污染的风险。仅在罗马，就有 7 条主要下水道流出城市（至今仍能在城市下面找到）。下水道系统也在帝国周围的其他大城市中使用。

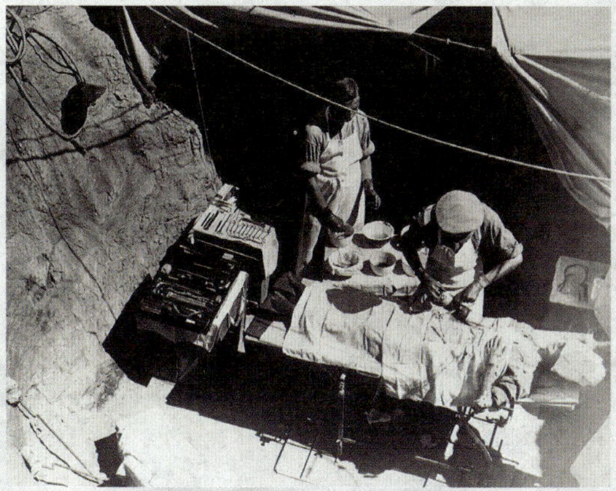

野战手术

发明 / 首次使用年份：未知

罗马人在医学上取得了许多突破，例如开创了剖宫产，发展了许多外科手术工具。然而，建立一支军队医疗队也许是他们最大的医疗创新，因为这意味着驻军士兵可以在战场上接受治疗，通过使用止血带和动脉手术夹来防止失血，从而挽救无数生命。罗马人甚至有先见之明地使用热水给他们的工具消毒。

装订书

发明 / 首次使用年份：公元元年

直到罗马帝国时代，文学作品都是以厚泥板和卷轴的形式出现的，但罗马人通过发明手抄本，也就是一叠装订好的书页，来简化阅读媒介。早期的手抄本是由装订好的蜡片组成的，但很快就被动物皮或羊皮纸所取代，而羊皮纸更像是书页。根据历史学家的说法，恺撒将纸莎草纸的书页堆叠在一起，创造了早期版本的手抄本，但装订好的手抄本至少在1世纪才在罗马成为规范。

十二铜表法

发明 / 首次使用年份：公元前 450 年

早期的罗马法大部分来自《十二铜表法》，一部在共和时代构成宪法一部分的法典。事实上，这部法典中的许多法律术语，如传票、无偿和宣誓书，仍适用于现代法律。《十二铜表法》记载了有关财产、宗教和离婚的法律，还详细说明了对小偷小摸到使用巫术等各种罪行适用的惩罚。稍晚发展起来的是《民法大全》，这是一份更为精简的文件，引入了“无罪推定”的概念。

△ 尽管不列颠境内宏伟的罗马别墅年久失修，但不列颠人和盎格鲁-撒克逊人对其中许多别墅进行了改造

脱离罗马后的不列颠

BRITAIN AFTER THE ROMANS

不列颠脱离罗马帝国的壮举见证了其文明被新主人征服和重建之前的彻底崩溃

5世纪初，自立为帝的君士坦丁三世前往高卢，他几乎带走了所有留在不列颠的罗马士兵。他的离开让这个岛国脱离了罗马帝国的统治，同时毁掉了其文明根基，进而导致军事、经济、社会和文化的全面崩溃。如黏合剂一般维系南方统一的罗马权威最终失效，这为不列颠人奉上了一场日间表演，让他们看到了江河日下的罗马帝国，也让他们窥见了暗夜中潜藏的危险。

听说霍诺留遗弃不列颠后，蛮族发起了比以往任何时候都要猛烈的进攻。由于无人守卫哈德良城墙和沿海信号塔，皮克特人、苏格兰人和撒克逊人对不列颠人发起了全面进攻，他们急于耗尽前罗马边境仅剩下的少量财富。由于缺乏军事知识和经验，不好战的防御者们分散在树林里。因缺少常备军维持秩序，整个国家陷入了无政府状态。很多年没有见到新发行货币的贵族们将自己的财富藏到无人发现的地方；那些不情愿逃离前罗马社会的名流被抢劫团伙从别墅里拖出来，直到被戴上镣铐卖为奴隶时才猛然醒悟。

绝望之下，不列颠人第二次给罗马人传信，乞求指挥高卢军团的罗马执政官埃提乌斯施以援手。不幸的是，罗马人仍然无法抽出多余的军队前往支援。随着罗马不列颠社会向

△ 萨顿胡权杖的造型可能是受到罗马仪式权杖的启发，象征着威望

△ 当撒克逊人意识到他们的不列颠雇主势单力薄之后，便鼓励他们的日耳曼兄弟加入他们的行列之中

△ 不列颠人的国王沃蒂根向撒克逊人领袖亨吉斯特和霍萨提供土地和报酬，以换取保护

“他必须和另一个罗马帝国的大敌结盟”

农村经济转型，城镇很快荒废。不列颠群众追随着一群暴君，这些暴君统治着以英格兰西南部和威尔士为中心的小王国，如安格尔西、诺顿尼亚、德梅塔埃和波伊斯。他们重新回到了传统的山顶定居点，如铁器时代的南卡德伯里丘堡，最里面的城墙由泥土和木材加固而成，长达 1100 米。从遥远的西部定居点罗克斯特和埃克塞特到东部城镇坎特伯雷和温彻斯特，石头房屋即使没有被完全废弃，也大多被较脆弱的木质结构所取代。

罗马的工业彻底崩溃，铁质农具、青铜雕像、木质家具、镀金珠宝和骨针的制造工艺连同如市场、建筑和艺术的其他文明象征一起消散了。现在，不列颠人不得不进口来自地中海、爱尔兰的陶器和盎格鲁－撒克逊陶器，或者在国内制造一些粗糙的仿制品。然而，威尔士的青铜器工匠却气定神闲——他们将自己的传统金属加工技术代代传承了几个世纪，最终等到了市场出现缺口的机会。凯尔特宗教也经历了一次复兴，新的圣所在岛上建立起来。

随着饥荒的到来，被围困的不列颠人走出洞穴和棚屋，拿起武器，准备做最后的抵抗。他们组成小队，团结在最强壮的战士后面，把入侵者击退到边境之外。不列颠人得意于自己的潜能并怡然度过了短暂的再繁荣期，但很快他们就发现，富足和军国主义的结合是致命的，将帝国的其余地方也拖入了可怕的深渊之中。

由于不需要抵御外部敌人，也不用争夺

△ 几个世纪以来，这个模糊的安布罗斯·奥里安形象通过亚瑟和梅林的神话传颂而不朽于世

从安布罗斯到梅林

尽管古代晚期和中世纪早期的不列颠历史明显缺乏史料支撑，但英国僧侣吉尔达斯留下了一份关于“不列颠毁灭”的同时代记述。它满载经文和猜测，同时，还首次提到了安布罗斯·奥里安，据说他带领不列颠人战胜了撒克逊入侵者——8世纪编年史家比德也重述了这一说法。

同时，9世纪的威尔士学者内尼厄斯用更加丰富的笔法描绘了“黑暗时代”。他不仅第一次提到了传说中的亚瑟王，还将巴当之战的胜利归功于他。同时，他将安布罗斯描述为执政官未成年的儿子，他是一位预言家，沃蒂根将他献给了不列颠西部。

蒙茅斯的伪历史小说《不列颠诸王传》中的杰弗里讲述了安布罗斯和亚瑟王错综复杂的奇幻故事。在他的叙述中，邪恶的国王沃蒂根刺杀了他的兄弟后，安布罗斯逃到布列塔尼，回到塔楼上活活烧死了邪恶的君主。蒙茅斯将安布罗斯的力量赋予巫师梅林，他会指派梅林一些诸如找回魔法石的任务。

在缺乏历史考证的情况下，形象模糊的现实英雄安布罗斯因此获得永生，为亚瑟和梅林这两位英国最受喜爱的民间英雄的塑造带来了灵感。

新的财富，岛上的小国王开始彼此争斗。但是他们很快就被一个共同的敌人摧毁了——瘟疫在小岛上蔓延开来。而在这个关键时刻，皮克特人趁热打铁，再次对他们的南方猎物展开屠杀。

449年，一个叫沃蒂根的科诺维部落领袖一统南方，成为不列颠国王。尽管威尔士部落仍然拥有岛上最强大的军队，但早在瘟疫暴发之前，军人们就已经筋疲力尽了。除此之外，爱尔兰的苏格兰人为谋求外交，由圣帕特里克引入基督教，但是沃蒂根知道皮克特人永远不会屈从于理性。不仅如此，脱离罗马之后，他获得了巨大的利益，并时刻担心帝国会收回领土。

即使拼尽全力，他也不相信不列颠人有办法对抗这些连环威胁。他不得不与罗马不列颠的另一劲敌——撒克逊人结盟。与高卢人、法兰克人甚至是哥特人不同，撒克逊人深藏在德意志最北端的北海海岸，一直是真正的局外人。考虑到高卢的天然防御和罗马建造的沿海防御，其似乎是比不列颠更加理想的定居地。然而，即使占领了高卢北部1/3的地区，撒克逊人仍旧无法与法兰克人竞争，因为法兰克人在该地区拥有至高无上的地位。

当撒克逊领袖亨吉斯特和霍萨收到沃蒂根的来信时，局势变得明朗起来。沃蒂根在信中承诺，会为他们提供肥沃的不列颠东部土地，同时会定期给予他们钱财，以求他们

▽ 盎格鲁－撒克逊人用木质建筑取代了罗马不列颠的石头建筑

△ 被视作罗马人的安布罗斯·奥里安团结了不列颠人，使盎格鲁－撒克逊人前进的步伐停滞了半个世纪

对付北部惹麻烦的皮克特人。撒克逊人再也不用为了一点儿微薄的薪水而参加危险的突袭远征队了。于是，兄弟俩立刻带着 3 艘船起航，在肯特登陆，开启了回报丰厚的旅程。

撒克逊人知道雇主实力虚弱后便写信回家，鼓励他们的兄弟追随他们一起沿着泰晤士河、亨伯河和沃什河等东部河口定居。他们的人数和信心不断增长，最终成功将皮克特人拒之门外，于是，他们要求加薪。沃蒂根的赏赐越来越丰厚，但这从来都不能满足他们的胃口。不久，他意识到自己犯了一个致命错误——这简直就是引狼入室。当撒克逊人发动叛乱反抗他们的不列颠雇主时，后者只能自认倒霉。

人们认为霍萨在 455 年被杀死，但他的兄弟和儿子一直到两年后才将不列颠人从肯特郡赶走，并在那里正式建立了自己的王国。苏塞克斯也被另一群撒克逊人征服，那里的种族清洗政策让不列颠人被赶尽杀绝。在接下来的几十年里，撒克逊人、朱特人和盎格鲁人都陆陆续续迁移到不列颠，他们谋杀、掠夺、夷平城市，横越英格兰和威尔士直至西海。当撒克逊人在亨伯河以南定居时，盎格鲁人向北进发，而朱特人则占领了汉普郡。

在一片死寂之中，有一名据说是皇族后裔的罗马人挺身而出。作为一名基督徒，安布罗斯·奥里安在之前的一次入侵中失去了父母，而他则死里逃生。他别有用心地接管了不列颠，在他的领导下，各个王国实现统一并重组了它们自己的防线。大约在 500 年，他实现了一个不可能完成的目标：在巴顿战役中战胜入侵者。这场战役意义深远，让撒克逊人的发展停滞了 40 年。在此期间，首领彻迪克和他的儿子坎里克征服了威塞克斯和怀特岛，在那里建立了另一个不列颠王国。坎里克的儿子查乌林继续征服西部，攻下了达勒姆、格洛斯特、赛伦塞斯特和巴斯。他向定居者开放了塞文河下游，并切断了英格兰西南部的不列颠人与威尔士人的联系。

盎格鲁－撒克逊人以罗马人建立的定居点和基础设施为根基，统治着以罗马不列颠人为主的人口。尘埃落定之后，许多不列颠人越过英吉利海峡逃到布列塔尼，另一些人则接纳了盎格鲁－撒克逊风俗、文化和语言，就像他们以前对待罗马人那样。反过来，他们在建设新的领域中

△ 盎格鲁人、撒克逊人和朱特人征服了不列颠的大部分地区，击败了那些阻挡他们前进的人

也发挥了积极的作用。和罗马人一样，盎格鲁－撒克逊人把大片乡村领地建在中心住宅或别墅周围，别墅是皇家行政的总部，国王和他们的随从在那里享受收取的粮食租金。他们沿用了罗马模式中省份的概念，甚至使用罗马词“province”来表述“省份”。与此同时，他们的大厅也将日耳曼建筑与罗马不列颠的传统风格结合在一起。

他们似乎也采用了罗马人的方式来彰显声望——视察中的国王身边总是会伴随着罗马风格的旗帜和旗手。由凯尔特人制造的萨顿胡权杖造型奇异，上面有 8 个雕刻的头和一只牝鹿——这是对象征权威的罗马权杖的一种致敬。不列颠王室的头盔和肩扣也受到了罗马的启发，他们甚至用罗马圆形剧场来主持会议。但是，直到 597 年圣奥古斯都到来，盎格鲁－撒克逊人才真正复兴了罗马过去的辉煌。教会在教皇格列高利的命令下来到肯特，他们不仅给不列颠异教徒带来了基督教信仰，还带来了保存基督教信仰的工具——阅读和写作艺术。

公元 600 年，大量盎格鲁－撒克逊王国分散在不列颠各地，但两个世纪后便只剩下 5 个了。这些国家通过吞并弱小的邻国扩张领土。到 9 世纪中叶，西撒克逊家族已经十分显赫；威塞克斯国王、众所周知的盎格鲁－撒克逊人国王阿尔弗雷德大帝，更是带领其家族走上巅峰。罗马帝国陨落后的 1000 年里，从查理曼到伊凡大帝，无数领袖声称自己是罗马后裔，但不列颠人从未这样做过。他们不想站在巨人的肩膀上，而是盼望着浴火重生，建立新的文明。

▽ 罗马帝国的崩溃摧毁了不列颠的陶器，盎格鲁－撒克逊陶器由此兴起

图片所属

7 ©ThinkStock; Getty Images; Stella, Ghabara license CC BY-SA 4.0; Thomas Ihle license CC BY-SA 3.0

20 ©Karl Hammer

25 ©Alamy; Thinkstock; Classical Numismatic Group Inc., Diliff license CC BY-SA 2.5; G.dallorto, GFDL, Jean-Christophe Benoist, Ji-Elle, GFDL with Maksim, it:MM, GFDL with Classical Numismatic Group Inc license CC BY-SA 3.0; Jun license CC BY-SA 2.0; Rennett Stowe, The Conmunity - Pop Culture Geek license CC BY 2.0

31 ©Look and Learn; Alamy; Thinkstock

37 ©Alamy; Getty Images; Oswestry Borderland Tourism/Old Oswestry Hillfort license CC BY-SA 2.0

41 ©Sol90 Images

52 ©Alamy; Osprey; Bob Venables; Sol 90 Images; GFDL with Matthias Kabel, Ealdgyth/British Museum, PHGCOM/Metropolitan Museum of Art, Johnbod, Bullenwächter license CC BY-SA 3.0

69 ©Alamy; Corbis; Getty Images; Joe Cummings; Rebekka Hearl; Sol90 Images; Jean-Pol Grandmont license CC BY 3.0/ GFDL

77 ©Alamy; Getty Images; Sannse license CC BY-SA 3.0/GFDL

81 ©Getty Images

95 ©Alamy; Thinkstock; Look & Learn; Ad Meskens license CC BY-SA 3.0/ GFDL; Numisantica license CC BY-SA 3.0 NL; Louis le Grand, PHGCOM license CC BY-SA 3.0/GFDL

101 ©Getty Images

109 ©Alamy; Getty Images; TopFoto; Mary Evans

111 ©Alamy

114 ©Alamy; Getty Images; Carole Raddato license CC BY-SA 2.0; Marie-Lan Nguyen/Museo Archeologico Nazionale di Napoli license CC BY 2.5; Classical Numismatic Group Inc license CC BY-SA 2.5/GFDL

122 ©Alamy; Getty Images

131 ©Alamy; Getty Images; Darren Copley license CC BY 2.0; Van de Beek license CC BY-SA 3.0; Tyssil license CC BY-SA 4.0

147 ©Alamy; burge5000 license CC BY 2.0; John Winfield, Carole Raddato license CC BY-SA 2.0; August Schwerdfeger license CC BY 4.0

149 ©Alamy

152 ©Getty Images

161 ©Alamy; Getty Images; Sahand Ace license CC BY-SA 3.0

162 ©Getty Images; JMiall/British Museum, JMiall, Michel wal license CC BY-SA 3.0/GFDL; Fæ license CC BY-SA 3.0

171 ©Alamy

180 ©Getty Images; Alamy; Thinkstock; P L Chadwick / Wroxeter Roman City (15) – The replica Villa Urbana license CC BY-SA 2.0; Lolalatorre license CC BY-SA 3.0; AlMare license FAL 1.3; Glauco92 license CC BY-SA 3.0/GFDL

184 ©Michel wal/British Museum license CC BY-SA 3.0/GFDL

194 ©Alamy; Getty Images

199 ©Bjoertvedt license CC BY-SA 4.0; Coyau, Dirk.heldmaier CC BY-SA 3.0/GFDL; Wellcome Images CC BY 4.0; Stefano Corso/ Pensiero

207 ©Alamy; Getty Images

署名文章

凯尔特不列颠　多米尼克·埃姆斯

凯尔特人对死亡的崇拜　杰克·格里菲斯

恺撒入侵不列颠　尼克·索尔丁格

一个时代的开始　哈雷特·阿尔·布斯塔尼

布迪卡 VS 罗马　埃里希·安德森

不列颠对罗马的抵御　马克·德桑提斯

统治不列颠　大卫·克鲁克斯

从凯尔特人到公民　斯科特·里夫斯

北方城墙　查理·金格

皮克特人简介　本杰明·哈德森

罗马不列颠的主要城市　查理·金格

分裂的不列颠　大卫·克鲁克斯

高卢帝国　哈雷特·阿尔·布斯塔尼

神圣不列颠　米兰达·奥尔德豪斯－格林

罗马军队　马克·德桑蒂斯

罗马统治的终结　哈雷特·阿尔·布斯塔尼

脱离罗马后的不列颠　哈雷思·布斯塔尼